Palau
Der Tauch- & Reiseführer

Judith Hoppe
Christoph Hoppe

www.reise-inspirationen.de/reisefuehrer-palau

Impressum

Objektleitung:
Tourism Unlimited e.P.
Autoren:
Judith Hoppe, Christoph Hoppe

Herausgeber, Satz & Layout:
Tourism Unlimited e.P., München

Verlag: BoD · Books on Demand GmbH, In de Tarpen 42, 22848 Norderstedt
Druck: Libri Plureos GmbH, Friedensallee 273, 22763 Hamburg

ISBN 978-3-7693-1745-9

Bibliografische Information der Deutschen Nationalbibliothek: Die Deutsche Nationalbibliothek verzeichnet diese Publikation in der Deutschen Nationalbibliografie; detaillierte bibliografische Daten sind im Internet über dnb.dnb.de abrufbar.

Auflage: 4. komplett überarbeitete und erweiterte Auflage (Dezember 2024)

Aktualisierungen
Für Hinweise oder Korrekturen sind wir sehr dankbar. Bitte richten Sie Ihre Nachricht an: office@tourism-unlimited.com

Service für Leser
Aktualisierungen und weitere Infos zu Palau finden Sie unter www.reise-inspirationen.de/reisefuehrer-palau

Danksagung
Wir bedanken uns bei folgenden Menschen und Unternehmen, die uns bei unseren Recherchen und vor Ort tatkräftig unterstützt haben: Marc Bauman & Dermot Keane von Sam's Tours, Jeff Barabe vom Palau Central Hotel, Ron Leidich von Paddling Palau, Jane & René Menz von Krämer's Café & Restaurant, Robert Scaria vom Taj und das Team von Palau Visitors Authority.

Übersichtskarte Palau – die Regierungsbezirke

Kayangel

Ngarchelong

Ngaraard

Ngardmau

Ngiwal

Ngaremlengui

Ngatpang

Melekeok

Aimeliik

Ngchesar

Airai

Koror

Rock Islands

Peleliu

Sonsorol
Hatohobei

Angaur

N

10 km

6 mi

Inhalt

Aktivitäten

Wissenswertes & nützliche Adressen

Unterkünfte & Restaurants in Palau

Aktivitäten zu Land, im Wasser und in der Luft – Adressen

Karten

Der Staat gehört zu der pazifischen Inselregion Mikronesien und umfasst die Palauinseln selbst, die aus der westlichen Inselgruppe der Karolinen gebildet werden, sowie sechs weit abgelegene Inseln im Südwesten (Südwest-Inseln genannt). Die sechs Inselgruppen der Palauinseln bestehen aus ca. 340 Inseln, deren bei weitem größte mit 396 km² Babeldaob ist.

Hier wurde 2006 die neue Hauptstadt Ngerulmud im Regierungsbezirk Melekeok errichtet. Die frühere Hauptstadt Koror liegt auf der gleichnamigen Insel Koror, die nur 11 km² umfasst und dennoch das gesellschaftlich-wirtschaftliche Zentrum des Landes darstellt. Nur acht der Inseln sind bewohnt.

Lage
133°30 Ost, 7°30 Nord, im westlichen Teil Mikronesiens; ca. 750 km östlich der Philippinen.

Lokale Bezeichnung
Belau

Amtssprachen
Palauisch, Englisch

Hauptstadt
Ngerulmud (auf der Insel Babeldaob)

Geografie
Ursprünglich waren die heutigen Inseln ein Korallenriff, das durch Kontinentalbewegungen aus dem Wasser gehoben wurde. Die meisten Inseln sind Atolle aus Korallenkalk, die nur wenige Meter über dem Meeresspiegel liegen, und von einem Barriereriff umschlossen werden. Innerhalb der südlichen Lagune und zwischen den Inseln Koror und Peleliu liegen die seit 2012 als UNESCO Weltnaturerbe anerkannten Rock Islands. Auf über 100.000 ha verteilen sich 445 von Menschen unbewohnte Kalksteininseln, die wie von Dschungel überwucherte Pilze aus dem Wasser ragen. Die meisten Eilande sind von Korallenringen umgeben, dokumentiert sind mindestens 385 verschiedene Korallenarten in durchaus unterschiedlichen Lebensräumen. An keinem anderen Ort der Welt gibt es mehr maritime Seen als in den Rock Islands. Der bekannteste ist der „Jellyfish Lake" (Quallensee) auf der Insel Eil Malk.

Ebenfalls in den Rock Islands befindet sich einer der berühmtesten Tauch-Spots der Welt: Blue Corner.

Klima
Tropisches Klima mit ganzjährig geringen Temperaturschwankungen, im Jahresmittel 28° Celsius (Luft) und 27° Celsius (Wasser). Die Luftfeuchtigkeit liegt im Durchschnitt bei 80 %, die Niederschlagsmenge pro Jahr beträgt 1.500 bis 2.500 mm. Von Juli bis August ist Regenzeit aber auch außerhalb dieser Monate regnet es meist ein bis zweimal am Tag. Es empfiehlt sich, immer eine Regenjacke dabei zu haben.

Beste Reisezeit
Ganzjährig

Staat & Politik
Die amtliche Bezeichnung und Rechtsform lautet „Republik Palau".

Die Verfassung wurde nach amerikanischem Vorbild geschaffen: Ein Präsidialsystem mit direkt gewähltem Präsidenten und Vizepräsidenten, einem Senat und einem Repräsentantenhaus. Zusätzlich existiert in Palau noch der so genannte Inselrat. Er setzt sich aus den Clan-Chefs zusammen, diese „Chiefs" beraten die Regierung in kulturellen Fragen und sind die eigentliche, von der Bevölkerung hoch geachtete, moralische Instanz Palaus.

Wirtschaft & Tourismus
Palau gehört zu den pazifischen Inselstaaten mit dem höchsten Pro-Kopf-Einkommen, ist jedoch wirtschaftlich stark auf den Tourismus und ausländische Hilfszahlungen angewiesen. Zu den wichtigsten Handelspartnern zählen die USA, das US-amerikanische Territorium Guam, Japan und die Philippinen.

Vor der Corona-Pandemie besuchten im Durchschnitt 121.000 Touristen jährlich das Land, während diese Zahl 2023 auf 35.000 sank. Die meisten Besucher kommen aus asiatischen Ländern, insbesondere aus Japan, Taiwan und zunehmend China. Außerhalb Asiens stellen US-Amerikaner die größte Besuchergruppe.

Bevölkerung

Einwohner
17.727 (2023)

Bevölkerungsgruppen
Palauer/Mikronesier: 71,7 %, Philippiner 18,2 %, Sonstige Asiaten: 7,0 %, US-Amerikaner 1,2 %, Sonstige: 1,9 %.

Religion
römisch-katholisch: 46,9 %; Protestanten: 24,6 %; Modekngei: 5,1 % (einheimische Religion); Adventisten: 5,0%; Muslime: 4,9 %; Sonstige: 13,6 %.

Die einheimische Religion
Ngara Modekngei: Das Wort ist palauisch und bedeutet: „Vereinte Sekte", manchmal wird sie auch nur Modekngei genannt. 5,1 % der Gesamtbevölkerung bekennen sich zu diesem Glauben. Sie gehört zu den monotheistischen Religionen und vereinigt sowohl christliche als auch nativistische Glaubensinhalte. Modekngei wurde auf der Hauptinsel Babeldaob Anfang des 20. Jahrhunderts durch Tamadad von Chol gegründet und hat sich von dort über ganz Palau verbreitet.

Geschichte und Inhalt des Modekngei
Früher glaubten die Palauer an eine hierarchische Gruppe von Göttern, die Chelid. Mit ihnen wurde durch einen Geistlichen als Medium kommuniziert. Neben den Chelid gab es noch zwei weitere Kategorien von Geistwesen. Dies war zum einen der Deleb, die Seele eines Ver-

storbenen, bevor diese in den Himmel aufstieg und zum anderen der Bladek, eben jene Seele nachdem sie in die unterste Stufe des Himmels (Telechalb) aufgestiegen war. Ein festes Ritual der Anhänger des Modekngei ist es, bei einer Beerdigung die Bladeks nach der Ursache des Todes des Verstorbenen zu befragen.

Entstehung des Modekngei

Unter der deutschen Kolonialherrschaft wurde die traditionelle Religion Palaus zunehmend unterdrückt. Die einheimische Priesterschaft wurde wegen des Verdachts auf Widerstand größtenteils deportiert. Nach der japanischen Übernahme 1914 wurden die Deutschen und ihre Missionare ausgewiesen. Zwischen 1915 und 1919 trat Tamadad von Chol als neuer religiöser Führer auf, der Elemente des traditionellen Glaubens und Christentums verband. Es entstand ein Monotheismus mit dem Gott Ngirchomekuul Iesu Kristo, der frühere Dorfgottheiten vereinte. Ziel war die Einheit der zuvor rivalisierenden Distrikte und die Bewahrung indigener Traditionen.

Modekngei geriet schnell in Konflikt mit der japanischen Kolonialverwaltung, die Palau nach eigenen Vorstellungen modernisieren wollte. Außer den Bildtafeln an den Bai (Gemeindehäusern) hatte man vor der Ankunft der Europäer keine schriftlichen Aufzeichnungen. Sämtliche Geschichten, Lieder und Traditionen wurden mündlich weitergegeben. Daher verzichten Anhänger von Modekngei explizit auf die Schriftform ihres Glaubens und beachten ein striktes Aufzeichnungsverbot. Sämtliche Glaubensinhalte werden in den gesungenen Kesekes (Hymnen) transportiert, welche bei den gemeinsamen Gottesdiensten rezitiert werden.

Legenden

Entsprechend alter Erzählungen entstand Palau aus den Körperteilen des gefallenen Giganten Chuab. Seine Extremitäten bildeten die südlichen Inseln Peleliu und Angaur, wo sich vermutlich auch die ersten Menschen in Palau ansiedelten.

Eine weitere Legende erzählt von dem weiblichen Geist mit Namen Milatk, der drei Söhne, namentlich Ngeremlengui, Artingal und Erekeldau und eine Tochter mit Namen Aimeliik gebar. Erekeldau stand für das Gebiet, welches wir heute mit Koror, Arakebesang und Meyuns bezeichnen, Artingal für Melekeok, Ngiwal und Ngchesar. Artingal und Erekeldau bekriegten sich unentwegt, ihre Geschwister wechselten ständig mit ihrer Unterstützung von einem zum anderen. Ein Verhalten, das die menschlichen Bewohner Palaus übernahmen.

Frühgeschichte

Die ersten Bewohner von Palau kamen vermutlich aus Indonesien, Australien oder Polynesien und besiedelten die Inseln schon um **1.000 vor Christus** von Süden her in Richtung Norden. Wann genau, lässt sich mit Sicherheit nicht sagen, das Alter von Tonscherben aus prähistorischen Dörfern wurde mit Hilfe von Radiokarbondatierung auf **1.200 - 1.600 AD** bestimmt.

Die Steinterrassen

Vor einigen Jahren (2022) erst wurden im Regierungsbezirk Aimeliik auf Babeldaob von Menschenhand geschaffene Verwerfungen entdeckt, beziehungsweise wissenschaftlich aufgearbeitet. Und zwar unter anderen von der deutschen Archäologin Dr. phil. Annette Kühlem. Ihre Arbeit mit dem Titel: „Der monumentale Landschaftswandel auf der Insel Babeldaob (Republik Palau): 3D-Dokumentation und geoarchäologische Untersuchungen" kann im Belau National Museum im Rahmen einer Sonderausstellung besichtigt werden.

Sie selbst fasst die durchaus spektakulären Entdeckungen so zusammen: „Bei den monumentalen Erdwerken Palaus handelt es sich um eines der eindrucksvollsten Beispiele für menschliche Landschaftstransformation weltweit. Beginnend vor über 2.500 Jahren wurde hier eine ganze Insel von Menschenhand verändert, indem Millionen Tonnen von Material zu künstlichen Hügeln und Terrassen verbaut wurden. Auf den horizontalen Flächen wurde im großen Stil Gartenbau betrieben, die hoch aufgeschütteten Kronen dienten für Bestattungen." Viele Funde weisen außerdem darauf hin, dass es in jener Zeit eine Besiedlung der Rock Islands gegeben haben muss, die Bevölkerungszahl soll sich bei insgesamt ca. 60.000

Menschen bewegt haben. Das ist bemerkenswert, denn als die ersten Europäer auftauchten, lebte in den Rock Islands niemand mehr. Das ist auch heute noch so. Auch wenn es nicht dokumentiert ist, so sollen europäische Krankheiten die Urgesellschaft Palaus dramatisch reduziert haben. Wie so vieles ist aber auch diese Behauptung nicht gesichert. Insgesamt ist die Frühgeschichte Palaus relativ unbekannt.

Neuere Geschichte

Der spanische Entdecker Ruy López de Villalobos sichtete die Inseln erstmals **1543** und nahm sie für Spanien in Besitz. Der englische Kapitän Henry Wilson landete **1783**, die Briten versuchten die Inselgruppe zu besiedeln und mit den Einheimischen Handel zu treiben. **Zwischen 1885 und 1899** stand Palau dann wieder unter spanischer Kolonialverwaltung. Allerdings hinterließen sowohl iberische Entdecker als auch angelsächsische Händler bis auf die christliche Prägung des Landes keine heute noch sichtbaren Spuren.

Anders deren „Nachfolger", denn die Pazifikinseln wurden von **1899-1914** Teil Deutsch-Neuguineas.

Deutsche Kolonisierung

„Wir verlangen auch unseren Platz an der Sonne!" Mit diesem berühmt gewordenen Satz umschrieb der spätere Reichskanzler von Bülow Deutschlands Sehnsucht nach kolonialer Weltgeltung. Spät, wohl zu spät,

Darstellung der Ureinwohner

entschied sich Kaiser Wilhelm II. in das Rennen um die rohstoffreichen Flecken der Erde einzusteigen, die „Sahnetörtchen" waren längst in die Hände anderer europäischer Großmächte wie Spanien, Portugal, England und Frankreich gefallen.
Reichskanzler Otto von Bismarck war zu Anfang nicht begeistert von der Idee gewesen, er sah durch koloniale Bestrebungen die erst im Jahre 1871 errungene staatliche Einigung Deutschlands von außen bedroht. Der Kanzler wollte das fragile Machtgleichgewicht in Europa nicht aufs Spiel setzen.
Was ihn ab dem Jahre 1884 dann doch umstimmte, ist bis heute umstritten. Seine Vorsicht behielt der Kanzler jedenfalls bei. „Schutzgebiete" wurden überseeische Besitztümer in Afrika, Asien und Ozeanien genannt, man vermied den Ausdruck „Kolonien".

Und im Fall von Palau, Yap und einiger anderer Inseln der Karolinen, entschied man sich für eine zivile Aneignung: Keine blutige Eroberung und Besetzung, man kaufte die Eilande einfach. Von Spanien. Der Erwerb lag nahe, deutsche Kaufleute dominierten den Handel mit Kokosnuss-Produkten – einziges Exportgut Palaus zu jener Zeit – schon während der iberischen Okkupation.
Und so erhielt Palau neue Namen von neuen Herren, „Kaiser-Wilhelms-Land" und „Bismarck-Archipel" hieß es von nun an für 15 Jahre. Als ein Taifun *1908* Warenlager und die gesamte Kokosnussernte zerstörte, verlagerte man den Fokus auf die im Süden gelegene Insel Angaur. Dort baute man riesige Mengen Phosphor und Phosphate ab. Um nicht die flachen Gewässer zwischen den Atollen und Inseln umrunden zu müssen, sprengte man einen Kanal hindurch: Den „German Channel", der bis heute schnurgerade und weithin sichtbar die Lagune der Rock Islands durchschneidet.

Wie zu jener Zeit üblich, nutzten die Europäer die Gelegenheit, ihren Kolonialbesitz zu erforschen. Für das Deutsche Kaiserreich und Palau fiel diese Aufgabe dem Naturforscher und Ethnographen Doktor Augustin Krämer (*1865-1941*) zu. Er befasste sich mit Völkerkunde und zoologischen Fragen, insbesondere dem Bau der Korallenriffe und der Planktonverteilung.
1906-07 nahm Krämer als Anthropologe an der Südsee-Expedition des Vermessungsschiffes SMS Planet teil. Anschließend bereiste er zusammen mit seiner Ehefrau Elisabeth Krämer-Bannow das Bismarck-Archipel und die Palauinseln.
1908 übernahm Krämer nach dem Tod von Emil Stephan die Leitung der Deutschen Marine-Expedition auf der Neumecklenburg. *1909-1910* leitete er die Hamburgische Südsee-Expedition nach den Karolinen an Bord des Dampfers Peiho. Während seiner zwei Expeditionen dokumentierte der Schiffsarzt die Lebensweise der Palauer und schrieb diese in seinem fünfbändigen Werk nieder. Da er der einzige war, der die hiesi-

Dr. Augustin Krämer in Palau

gen Familien-Clans bestimmten Gebieten zuordnete und dies akribisch dokumentierte, sind seine Bücher bis heute Grundlage jedweder juristischer Auseinandersetzungen bei Gebietsstreitigkeiten.

Japanisch-amerikanische Besatzung

Zu Beginn des Ersten Weltkriegs fiel Palau, wie alle deutschen Kolonien, fast widerstandslos in die Hände der Kriegsgegner. Bereits *1914* übernahm das japanische Kaiserreich gewaltsam die Kontrolle, intensivierte den Phosphatabbau und begann gleichzeitig, die Inseln zu Festungen auszubauen. Zwischen den Kriegen festigte Japan, nun mit Mandat des Völkerbundes, seine Position in Palau.

Der Zweite Weltkrieg

Palau ist der einzig mögliche Brückenkopf im westlichen Pazifik, von dem aus die Philippinen angegriffen werden können.

Das wussten die Japaner und hielten die Inseln fest im Griff. Für die Amerikanischen Streitkräfte stellten die japanischen Flugplätze eine ständige Bedrohung dar. Es war nur eine Frage der Zeit, bis es zu einer Auseinandersetzung der Kriegsgegner um die Karolinen kommen würde. Ende 1944 war es soweit.

Die Schlacht um Peleliu

Diese fand während des Pazifikkrieges als Teil der Schlacht um die Palau-Inseln (Codename: Operation Stalemate II) vom *15. September bis zum 25. November 1944* statt. Der Kampf um Peleliu, an südlichen Ende der Rock Islands gelegen, war für die US-Amerikaner sehr verlustreich, weil sie die japanischen Verteidiger unterschätzten.

Die Palau-Inseln rückten, nach der gelungenen amerikanischen Operation Hailstone gegen Truk und der Eroberung der Marianen durch die Alliierten, in den Fokus des amerikanischen

Panzer aus dem Zweiten Weltkrieg, vor dem ehemaligen Kommunikationscenter der Japaner, Babeldaob

Oberbefehlshabers Admiral Chester Nimitz, weil die Japaner einen großen Militärflugplatz auf Peleliu unterhielten.

Zum Zeitpunkt der US-Invasion lagen die Inseln im Verteidigungsbereich Palau (Palau District Group) unter dem Kommando von Generalleutnant Sadae Inoue, dem Befehlshaber der japanischen 14. Division. Auf Peleliu wurde eine Garnison von ca. 11.000 Mann Kampf- und Bautruppen stationiert. Den Kern der Verteidigung bildeten die ungefähr 5.400 Soldaten des verstärkten 2. Infanterie-Regiments der 14. Division unter Oberst Kunio Nakagawa und des 346. Infanterie-Bataillons der 53. selbstständigen gemischten Brigade. Unterstützt wurde die Infanterie von 150-mm- und 81-mm-Mörsern, sowie von mehreren 75-mm- und 105-mm-Geschützen. Dazu kamen mehrere Kampfpanzer vom Typ 95, die zur Panzereinheit der 14. Division gehörten. Im Gegensatz zu anderen japanischen Offizieren dachte Inoue gar nicht daran, seine

Soldaten in leichtsinnige Direktangriffe zu hetzen. Er nutzte vielmehr das Terrain der Insel dazu aus, eine wirksame Verteidigung aus der Tiefe aufzubauen. Unter anderem wurde dabei ein ursprünglich für den Phosphat-Abbau angelegtes Tunnelsystem wichtig. In einer der mehr als 500 Höhlungen, die zum Abfeuern von Haubitzen (vier 150-mm- und zwanzig 81-mm-Mörser sowie zahlreiche 20-mm-Maschinenkanonen) geöffnet und zwischen den Salven geschlossen werden konnten, hatten tausend Mann Platz. Inoue sorgte dafür, dass in diesen Kavernen genügend Munition und Proviant lagerte. Diese besondere Taktik, welche unter anderem auf Direktiven vom 11. Juli 1944 aus dem Hauptquartier der Palau District Group beruhte, führte letzten Endes dazu, dass die japanischen Streitkräfte auf Peleliu das Terrain zum ersten Mal in einer Art und Weise nutzten, die später auch auf Iwo Jima und Okinawa für schwere Verluste der US-Truppen sorgen sollte.

Im Juli 1944 lag das US-U-Boot Burrfish ungefähr zwei Wochen vor Peleliu und machte durch das Periskop Aufnahmen von der Insel. Ein Team von fünf Kampfschwimmern näherte sich vom U-Boot aus unbemerkt dem Strand und erkundete die davor liegenden Riffe und Unterwasserhindernisse.

Die 1. US-Marinedivision unter Generalmajor William H. Rupertus bildete die Speerspitze gegen Peleliu, am **15. September 1944** begann die 1. US-Marinedivision planmäßig mit der Landung. Von nun an standen sich 28.484 Amerikaner und rund 11.000 Japaner gegenüber. Als die Kampfhandlungen am **25. November 1944** endeten, waren 2.336 US-Soldaten und 10.695 japanische Militärangehörige gefallen. Seit diesem Zeitpunkt bis heute sind Spezialisten damit beschäftigt, explosive und lebensgefährliche Hinterlassenschaften zu beseitigen.

Nachkriegszeit

1947 fiel Palau als ein Distrikt des UN-Treuhandgebiets (Trust Territory of the Pacific Islands) unter die Kontrolle der USA. Bis heute sichern die Vereinigten Staaten die Souveränität Palaus.

1978 spaltete sich Palau von den Föderierten Staaten von Mikronesien ab, am **1. Oktober 1994** wurde Palau ein unabhängiger Staat.

Im **Dezember 1994** wurde Palau mit Sitz und Stimme in die Vereinten Nationen aufgenommen.

Am **7. Oktober 2006** wurde Ngerulmud zum Sitz der Regierung und löste somit Koror als Hauptstadt ab.

Im Jahr **2009** schuf Palau das weltweit erste Haischutzgebiet und verbot den kommerziellen Haifang in seinen Gewässern vollständig.

Im Jahr **2012** wurden ein Teil der Rock Islands von Palau zum UNESCO-Welterbe erklärt.

Kanone aus dem Zweiten Weltkrieg, Babeldaob

Ngermeskang River Park, Babeldaob

Das Wrack der Teshio Maru

Palau ist weit mehr als eine Ansammlung atemberaubender Inseln. Hinter den leuchtenden Lagunen und unberührten Stränden verbirgt sich eine reiche kulturelle Welt, geprägt von uralten Traditionen, die bis heute das Leben der Menschen bestimmen. Hier verschmelzen Legenden mit dem Alltag: Von der Kunst der Holzschnitzerei bis hin zu den rituellen Tänzen und der hohen Bedeutung der mündlichen Überlieferung spiegelt jede Geste den Respekt vor den Ahnen und der Natur wider.

Clans und Familienstrukturen

Schon lange bevor die ersten Europäer mit den Einwohnern Palaus in Kontakt kamen, existierten ausgesprochen komplizierte soziale Strukturen. Die Landmasse war unterteilt in Distrikte, über die ein Clan-Chef, der so genannte „Chief", herrschte. Die jeweils mächtigste Familie in der Sippe stellte diesen Regenten. Sowohl die mütterliche als auch die väterliche Verwandtschaft wurde als wertvolle Blutlinie anerkannt, aber die mütterliche Linie war im Zweifelsfall die verbindliche. Kinder lebten unter dem Dach und Schutz des Vaters, bis dieser starb, dann kehrten sie zu ihren mütterlichen Verwandten zurück. Schwangere Frauen lebten bis zur Geburt des Kindes und noch einige Monate länger in ihrem Elternhaus, denn Ehefrauen und Kinder waren gewissermaßen Leihgaben der Familie an einen Ehemann. Dieser war für die Dauer der Ehe verpflichtet, nach einem komplizierten Schlüssel Zahlungen an seine Schwiegereltern zu entrichten. Meist als Lebensmittelspende oder in Form des so genannten „Udoud er Belau", einem steinernen Halsschmuck (Money Beads), den man als symbolisches Geld bezeichnen könnte. Und weil diese Währungseinheiten immer in der Linie der weiblichen Familienmitglieder verblieben, waren Mädchen für die Clans erheblich profitabler als Jungen. In unserer Zeit verwendet man neben dem „Udoud er Belau" auch US-Dollar, die Tradition an sich lebt auch heute noch. Jedes Dorf besaß separate Gemeinschaftshäuser, in der Landessprache „Bai" genannt. Zumindest eines war den Chiefs vorbehalten, Frauen hatten zu diesem Haus keinen Zutritt. Die anderen Bai könnte man als „Gemeindehäuser" bezeichnen. Alle Jugendlichen waren einem der Bais zugeordnet. In diesen Häusern sammelten Männer ihre ersten sexuellen Erfahrungen, wo sie auch die meiste Zeit verbrachten. Um sexuelle Kontakte zwischen Verwandten zu verhindern, schuf man eine durch die Gesellschaft akzeptierte Figur: Die „Bai-Mädchen". Oft wurden Frauen, manche von ihnen waren verheiratet, zwischen Dörfern getauscht, um die Männer in ihren Gemeindehäusern zu „unterhalten", zeitweise für mehrere Monate. Die Mädchen taten dies freiwillig und wählten ihre Gefährten ebenso ohne Zwang, dann und wann verrichteten sie ihren Dienst

Das Bai von Airai, Front

Das Bai von innen

Das Bai von Airai, Seitenansicht

allerdings auf Anweisung eines Frauenclans, der sich davon Vorteile erhoffte.

Es soll vorgekommen sein, dass sie zu Geiseln wurden, wenn die beteiligten Dörfer in einen kriegerischen Konflikt gerieten. Dann kam es zu Verhandlungen, ein Preis wurde bezahlt und die Bai-Mädchen kehrten reich beschenkt in ihre Heimatdörfer zurück. Für die Familie des Mädchens und die Clan-Chefs konnte dies ein lohnendes Geschäft sein. Die Bai-Mädchen waren stolz auf ihre Tätigkeit, Kinder, die regelmäßig daraus resultierten, wurden von Verwandten der beteiligten Clans adoptiert. Diese Praxis fand mit der deutschen Besatzung aus „moralischen Gründen" um das Jahr 1900 herum ein jähes Ende. Außerhalb der Bai beschäftigten sich Männer traditionell mit fischen, kriegerischen Auseinandersetzungen und der Kopfjagd. Sie erledigten Holzarbeiten, fertigten Schmuck aus Schildpatt und bauten Kanus. Hochrangige Clans, von denen heute noch zehn existieren, unterhielten eigene Kriegskanus. Bis in unsere Tage berät der Rat der Häuptlinge die Regierung Palaus in kulturellen Fragen. Frauen kümmerten sich um die Kinder, betrieben Feldarbeit und verschiedene Handwerkskünste, führten Tätowierungen durch und schufen Kräutermedizin. Die Verfügungsgewalt über die Money Beads allerdings verlieh den Frauen Macht, auch über Land und Positionen im Clan. Hochrangige Führerinnen verfügten über die gleichen Titel wie ihre männlichen Gegenüber. Und

mehr, denn sie, die Frauen bestimmten den nächsten männlichen Chief. Das alles kann man gegenwärtig noch beobachten, denn fast alle Frauen tragen diesen typischen Schmuck.

Udoud er Belau – das traditionelle Geld

Der Glasperlenschmuck („Money Beads") der Frauen Palaus ist Teil eines komplexen Tauschsystems, das bis heute in der matriarchalischen Gesellschaft des Landes verankert ist. Mit der japanischen Besatzung und der Einführung des Yen wurde neben den Glasperlen auch eine fremde Währung in die Zeremonien integriert. Heute erfüllt der US-Dollar diese Rolle. Zahlreiche Legenden ranken sich um die Herkunft der „Money Beads" in Palau.Eine besonders schöne Variante erzählt von einem Boot, in dem sieben Glasperlen unterwegs waren, die ihre Insel verlassen hatten, um nach einem Ort zu suchen, an dem es ihnen besser gefallen würde. Nachdem sie eine Weile auf dem Meer getrieben waren, landeten sie schließlich in Palau. Die höchstrangige Glasperle befahl der nächst niedrigen, an Land zu gehen und Erkundigungen einzuholen. Diese mochte jedoch das Boot nicht verlassen und gab den Befehl an die nächste Glasperle unterhalb ihres eigenen Ranges weiter. So setzte sich das fort, bis der niedrigsten Glasperle nichts anderes übrig blieb, als selber an Land zu gehen. Sie kehrte jedoch nicht zum Boot zurück. Nach einer Weile gab die höchstrangige

Glasperle erneut den Befehl aus, die Insel zu erkunden und das Spiel wiederholte sich, solange, bis das Boot leer war. Die Insel gefiel den Glasperlen so gut, dass sie alle blieben.

In Palau werden die „Money Beads" nach Farbe und Form bzw. Klasse unterschieden:

Farben
Berrak – grünlich bis hellgelb
Mengungau – hell bis dunkelorange
Idek – dunkel rot-braun
Cheldoech – grün, blau oder schwarz, halbtransparent

Formen/Klassen
Bachel – orthorhombisch
Chelbucheb – verschiedene Formen und Größen, häufig dunkelgrün oder blau mit weißen Punkten oder Kreisen
Kluk – ähnlich wie Chelbucheb, jedoch mit Zick-Zack Muster
Delobech – Scheiben, die aus Chelbucheb oder Kluk geschnitten wurden
Kldait – Obergruppe
Kldait Bleob – rundliche Form
Kldait Chesbad – Form einer jungen Kokosnuss

Money Beads werden um den Hals getragen

Hier ein kunstvolles Beispiel des „Glasperlenschmucks"

Kldait Chloranges – eckenloser Kubus, meistens Orange
Kldait Ertochet – Melonenförmig

Die wertvollsten Stücke einer „Money Bead" Kollektion sind die gelben Steine, die als Mittelstück getragen werden, Bachel Berrak. Die Bachel-Stücke werden auch als Clan- oder State-Geld bezeichnet und dienten in früheren Zeiten zur Begleichung von Kriegsschulden oder als Tribut bei Totenfeiern. Heute sind sie ein Prestigesymbol der reichen Clans.
Bis zur Heirat trägt ein junges Mädchen die „Money Beads" ihrer Familie mütterlicherseits. Im Alltag beschränkt sich das auf einen Stein, meistens ein Stück Koralle, der an einer schwarzen Kordel um den Hals gebunden wird. Zu besonderen Gelegenheiten tragen die Frauen teilweise Halsbänder mit mehreren Steinen.Die größten und wichtigsten „Money Beads" gehören oftmals dem ganzen Clan und nicht einer einzelnen Person. Mit der Hochzeit erhalten junge Frauen in der Regel Schmuck von der Familie oder dem Clan ihres Mannes. Damit wird auch zum Ausdruck gebracht, dass sie vom neuen Clan akzeptiert wurde und das Recht erworben hat, den Familienschmuck zu tragen, allerdings in der Regel als Leihgabe. Weigert die Frau sich im Rahmen einer Scheidung, der Familie des Mannes den Schmuck zurückzugeben, kann das eine Klage vor Gericht zur Folge haben.
Wie viele „Money Beads" im Besitz eines Clans sind, gilt übrigens als streng gehütetes Geheimnis und die Schmuckkollektion wird nicht gerne gezeigt. Nachdem viele der antiken Glasperlen verloren gegangen waren – ihre Besitzer hatten sie im Umfeld des Hauses vergraben, versteckt und niemanden den Ort verraten, oder durch Brände – versuchten die Palauer den Schmuck aus Ton oder Steinen zu imitieren. Die Unterschiede waren jedoch deutlich sichtbar. Glasperlen, die Händler von außerhalb mitbrachten, wurden ebenfalls nicht als echte „Money Beads" von der Gesellschaft akzeptiert.
Um 1900 herum tauchte erstmals ein Fälschungsproblem auf. Ausländer führten Glasflaschen in Palau ein. Aus deren Scherben konnte man täuschend echte Imitationen der Cheldoech „Money Beads" herstellen, die von grüner und blauer Farbe sind und durchsichtig sein können. Die Cheldoech Beads verloren daraufhin enorm an Wert und wurden 1920 aus dem Umlauf genommen, werden aber heute immer noch als Schmuck getragen.
Die jüngeren Generationen mögen heute nicht mehr die verschiedenen Typen der Glasperlen oder ihre offiziellen Bezeichnungen kennen. Ihrer Bedeutung und den gesellschaftlichen Wert sowie Stand eines Clans, den sie repräsentieren, sind sie sich jedoch sehr wohl bewusst. Wenn Sie Glasperlenschmuck als Souvenir oder Geschenk aus Palau mitnehmen möchten, beachten Sie bitte, dass einige Shops Anhänger aus schwarzer oder roter Koralle oder Schildpatt verkaufen – diese Produkte

unterliegen dem Artenschutz und dürfen in Europa nicht eingeführt werden.

Ngasech – die traditionelle Geburtszeremonie

Ngasech ist eine traditionelle Zeremonie für die Frauen von Palau, die zum ersten Mal ein Kind geboren haben. Sie ist der dritte und letzte Teil der Zeremonien nach der Geburt des ersten Kindes, die ersten beiden finden unter Ausschluss der Öffentlichkeit statt. Omesur, das erste Element, ist eine traditionelle Badezeremonie, während der die Mutter mit heißem Wasser, das mit medizinischen Kräutern versetzt wurde, bespritzt wird und auch Kräutergetränke zu sich nimmt. Jeder Clan hat eine eigene Medizinfrau, die wiederum eine streng gehütete Zusammensetzung der Kräuter und Blätter vornimmt. Nahezu alle Mixturen enthalten jedoch reichlich Rebotel, Blätter eines Wachs-Apfelgewächses. Die Prozedur wird mehrfach wiederholt, über einen Zeitraum von fünf bis zehn Tagen hinweg, und hilft, die Haut weich zu machen und die Schwangerschaftsstreifen zum Verschwinden zu bringen. Selbst Palauerinnen, die im Ausland leben, kommen für diese traditionelle Zeremonie noch heute in ihre Heimat zurück. Je höher die Stellung des Familienclans im Dorf ist, um so länger dauert die Omesur-Zeremonie. Am gleichen Tag wie Ngasech findet morgens der zweite Teil, Omengat, das finale Dampfbad,   statt. Dabei sitzt die Mutter auf einem Stuhl mit einem Loch in der Mitte, die aufsteigenden Dämpfe reinigen die Geschlechtsorgane. An-

schließend stößt die junge Mutter zu der längst feiernden Partygesellschaft dazu, wird der Öffentlichkeit und der Familie des Vaters des Kindes präsentiert und steht für den Rest des Tages im Mittelpunkt des Interesses. Weibliche Verwandte geleiten die Mutter, gekleidet im traditionellen Rock aus Wollfäden, sowie einem BH aus Kokosnuss-Schalen, über aus Palmenblättern geflochtene Türflügel, die ausgehängt dann als Bodenmatten ausgelegt werden. Ihre Haut glänzt gelblich in der glühenden Sonne, sie wurde von Kopf bis Fuß mit Kesol, einer Mischung aus Kokosnuss-Öl und Kurkuma, eingerieben. Peinlich genau wird darauf geachtet, dass die Mutter nur auf die Blätter und nicht etwa auf den Asphalt tritt. Es folgt eine rituelle Waschung der Füße sowie zahlreiche Tanzeinlagen, begleitet von Gesang und Live-Musik. Den anwesenden weiblichen Gästen wird dabei kräftig eingeheizt und diejenigen, die der Aufforderung zum Tanzen nachkommen, haben einen Dollarschein in der Hand, den sie fröhlich winkend am Ende der Nummer der Sängerin übergeben, die das Geld für die Gastgeberin einsammelt. Da die Zeremonie in der Regel am frühen Nachmittag stattfindet, ist die Mutter auf der mit allmählich vor sich hin welkenden Blumen geschmückten Zeremonien-Plattform gnadenlos der Sonne ausgesetzt – und das hinterlässt natürlich Spuren. Im wahrsten Sinne des Wortes. Die gelbliche Ölmixtur rinnt vermischt mit Schweiß über das Gesicht der Frau, sie muss heftig blinzeln,

hat Mühe, die Augen offen zu halten. Dennoch ist das Lächeln und der Stolz aus ihrem Gesicht nicht wegzuzaubern. Immer wieder tragen ihre Verwandten neue Lagen der gelblichen Ölmischung auf, eine andere Frau versucht, mit den Wachs-Apfelblättern das Öl wieder aus den Augen zu wischen – ein nicht endend wollender Kreislauf, der aber der allgemeinen Fröhlichkeit keinen Abbruch tut. Bei all dem Spaß hat die Zeremonie auch eine ernsthafte Komponente finanzieller Natur. In früheren Zeiten erhielt die Mutter am Tag von Omengat und Ngasech von der Familie des Mannes das traditionelle Udoud er Belau, das palauische Geld, überreicht, das in Form von Korallenanhängern als Kette um den Hals getragen wird, sowie Toluk, Geld aus dem Panzer der Schildkröten. Auch wenn die palauische Währung heute immer noch eine große ideelle Rolle spielt, so hat sich die Tradition mit der Realität der in dieser Region vorherrschenden Gültigkeit des US-Dollars vermischt. So kommt es heutzutage dazu, dass die Frauen in ihren Tänzen mit Ein-Dollar-Noten wedeln. Auf diese Art und Weise kommen bei der Ngasech-Zeremonie rasch einmal zwischen vier- und fünfstellige Beträge zusammen. Sofern die jungen Eltern sich entschieden haben, auch zu heiraten, geht das Geld an die Familie der Braut, um den Ehebund zu besiegeln. Die wiederum lässt einen Großteil des Geldes dem jungen Ehepaar zukommen, damit diese die Kosten für das neue Familienmitglied tragen können, der Rest wird an diejenigen verteilt, die für die Verpflegung bei der Zeremonie gesorgt haben.Einige der alten Frauen führen sehr exakt Buch darüber, wer wie viel gespendet hat. Bei nächster Gelegenheit gilt es dann, mindestens den gleichen Betrag, eher noch mehr, bei der nächstmöglichen Zeremonie des befreundeten Clans zu hinterlassen. Dass dieses System die junge Generation vor einen mittlerweile fast nicht mehr zu bewältigenden Schuldenberg bei ihrer Familien- beziehungsweise Existenzgründung stellt, ist die unschöne Kehrseite der althergebrachten Traditionen. Und ein Aspekt, der bei den Jungen zu wachsendem Unmut führt. Noch ist der Respekt vor den Familienbanden, den Alten und den Traditionen zu groß, als dass sie ernsthaft dagegen aufbegehren würden. Fragt sich nur, wie lange noch...

Beim Tanz wird Geld für die junge Mutter eingesammelt

Das traditionelle Fußbad

Palau ist ein Ort, an dem sich spektakuläre Naturwunder und tief verwurzelte Traditionen zu einem unvergleichlichen Erlebnis verbinden. Von den sanft schwebenden Quallen im berühmten Jellyfish Lake bis hin zum faszinierenden Steingeld, das für die benachbarte Insel Yap abgebaut wurde, bietet Palau eine Fülle an einzigartigen Kultur- und Naturphänomenen.

Yapesisches Steingeld

Einer Legende zufolge lebte auf der Insel Yap, etwa 450 Kilometer von Palau entfernt, einst ein Häuptling, der seine Krieger aussandte, um die Sonne zu fangen. Einige von ihnen landeten in Palau und entdeckten den in der Sonne glänzenden Kalkstein. Nach dem Austausch von Geschenken erhielten sie die Erlaubnis, in den Klippen von Koror und Airai Steine zu schlagen. Die Krieger schnitten runde Scheiben als Sonnensymbole aus und bohrten Löcher in die Mitte, um sie um die Masten ihrer Kanus zu legen. Auf Yap entstand dadurch eine neue Währung, das Steingeld, das als Symbol für Macht und Ansehen galt. Je gefährlicher und aufwendiger die Beschaffung, desto wertvoller war die Steinscheibe. Das alles fand schon über Jahrhunderte hinweg statt, lange bevor irgend jemand sonst Handel mit den Palauern betrieb. Den Yapesern standen bis 1871 keinerlei metallische Werkzeuge zur Verfügung, sie nutzten Muschelschalen und Instrumente aus Stein. In jenem Jahr havarierte der Händler David O´Keefe auf Yap, entschied sich zu bleiben, und begann 1875 mit Hilfe einer gekauften chinesischen Dschunke den Transport des Steingeldes zwischen den beiden Inseln zu revolutionieren.

Denn bis zu diesem Zeitpunkt war man nicht in der Lage gewesen, die Kalksteinscheiben mit einem größeren Radius als 1,2 Meter zu versehen, Funde in Palau belegen dies. Mächtigere Versionen liegen nämlich bis heute verwittert überall in Palau im Dschungel. Sie sind zerbrochen oder in einer so ungünstigen Lage, dass die Yapeser sich offensichtlich außerstande sahen, die Steinscheiben erneut zu bewegen.

Nachdem man sich mit dem Kanu auf die lange, beschwerliche Heimreise machte, legten die Yapeser offensichtlich eine Pause auf Ngekeklau ein. 1994 begann eine dort lebende Familie ihr Haus zu bauen. Sie fand 14 vergrabene, intakte Stücke in unterschiedlichen Größen – vermutlich ein Lager, das vor Jahrhunderten angelegt und aus unbekannten Gründen vergessen wurde.

Jellyfish Lake (Ongeim'l Tketau-See)

Nach einer kurzen, aber meist schweißtreibenden Wanderung durch den dichten Dschungel der Insel Eil Malk erreichen Besucher ein wahres Naturwunder: den Jellyfish Lake, auch Ongeim'l Tketau-See genannt. Dieser einzigartige Lebensraum

Das schwerste Zahlungsmittel der Welt

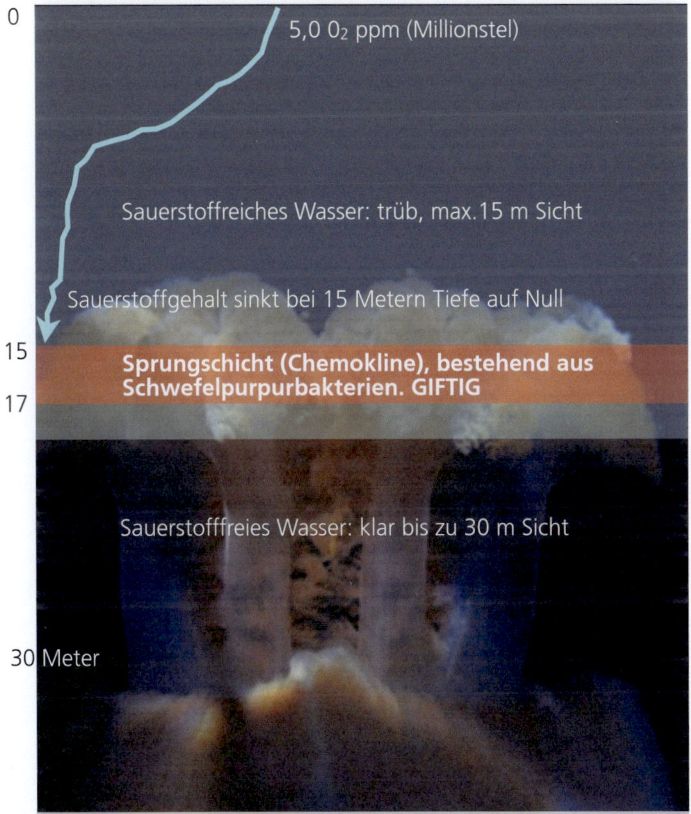

5,0 O_2 ppm (Millionstel)

0

Sauerstoffreiches Wasser: trüb, max.15 m Sicht

Sauerstoffgehalt sinkt bei 15 Metern Tiefe auf Null

15

Sprungschicht (Chemokline), bestehend aus Schwefelpurpurbakterien. GIFTIG

17

Sauerstofffreies Wasser: klar bis zu 30 m Sicht

30 Meter

Tiefenprofil des Jellyfish Lake

ist streng geschützt, trotzdem erhält man, falls nicht aus anderen Gründen gesperrt, die Möglichkeit gegen ein Aufgeld von 50 US-Dollar auf die Genehmigung, ihn hautnah zu erleben. Ranger kontrollieren den Zugang und lassen nur Besucher mit gültiger Genehmigung durch. Der See ist in zwei Schichten geteilt: eine obere, sauerstoffreiche Schicht und eine untere, sauerstoffarme mit hoher Schwefelwasserstoffkonzentration. Damit ist der tiefe Teil des Sees nicht nur für Taucher, sondern für die meisten Organismen des Planeten lebensfeindlich. Das einzigartige Gewässer ist etwa 400 Meter lang, 200 Meter breit und bis zu 30 Meter tief.

Im See lebten lange nur zwei Quallenarten: die Mastigias Medusae und wenige Ohrenquallen. Die Tiere bewegen sich täglich in einem einzigartigen Rhythmus: Sie folgen dem Sonnenlicht von Ost nach West, um die Algen, die in ihrem Gewebe leben, mit Licht zu versorgen. In diesem symbiotischen Prozess produzieren die Algen Zucker, der den Quallen als Nahrung dient. Und da kaum Fressfeinde im See leben, haben die Schirmtiere im Laufe der Zeit die Fähigkeit verloren, Gift zu injizieren. Deswegen kann man mit ihnen gefahrlos schwimmen.

Wir empfehlen, die Flossen auf dem Boot zu lassen, denn die verletzen und zerstören unbeabsichtigt viele Tiere. Sollte im See alles stimmen, sind es Millionen Quallen. Was nicht immer der Fall ist, dieses isolierte Ökosystem ist im hohen Maß störungsanfällig. Zeitweise verschwinden sie völlig.

Die in Palau ansässige Coral Reef Research Foundation untersucht die Faktoren, die die Population beeinflussen. Die genaue Ursache für das Verschwinden der Quallen ist noch nicht bekannt, aber die Bedingungen im See haben sich dramatisch verändert. Es scheint, als seien neben dem allgemeinen Klimawandel, und natürlich den vielen, menschlichen Besuchern, die Phänomene „El Niño" und „La Niña" die Hauptverursacher für das Absterben der Quallen. Doch solange es an den Ufern des Sees ausreichend gesunde Polypen gibt und die Umweltbedingungen sich immer wieder gut entwickeln, erholt sich die Population regelmäßig wieder.

Durch die veränderten Bedingungen hat sich eine weitere, sehr viel widerstandsfähigere Quallenart, die Mondqualle, im See angesiedelt und macht einen Schnorchelausflug weiterhin lohnenswert. Um den kleinen Einstieg herum tummeln sich Fische der Gattung Pranesus, entlang des Ufers leben Ruderfußkrebse, und die medusenfressende Seeanemone Entacmaea medusivora.

Praktische Tipps: Der Dschungelpfad zum See ist steil, rutschig und uneben. Festes Schuhwerk, Trinkwasser und Wechselkleidung sind daher unerlässlich. Für genügend Auftrieb sorgen Neoprenanzüge oder Schwimmwesten.

Das palauische Volk war von jeher auf die Schonung seiner natürlichen Ressourcen bedacht und praktiziert Naturschutz schon seit Tausenden von Jahren. Von Kindesbeinen an lernen die Menschen hier, dass sie die Hüter des Meeres sind.

Eine der traditionellen Praktiken in diesem Zusammenhang ist der sogenannte „Bul". Der Chief eines Clans oder die gesamte Ratsversammlung verhängte während der Laichzeiten oder bestimmter Futterperioden ein Fischfangverbot über ausgewählte Bereiche der Riffe. Damit trugen sie der Verletzlichkeit der Ökosysteme Rechnung und stellten sicher, dass zu anderen Zeiten im Jahr genügend und große Fische gefangen werden konnten.

Meeres- und Haischutzgebiet
Durch die enge Verbindung der Menschen zum Meer genossen auch die Haie immer schon besonderen Schutz in Palau, und viele Einheimische bezeichnen sie als „meine Freunde". So war es nur konsequent, dass im Mai 2003 der damalige Präsident Tommy E. Remengesau eines der schärfsten Gesetze weltweit gegen das Abtrennen von Haiflossen unterzeichnete.

Dem vorausgegangen war eine spektakuläre und medienwirksame Aktion im Mai desselben Jahres: Vor laufenden Kameras ließ er einen Berg Haiflossen anzünden, die auf einem Schiff gefunden wurden, das illegal in den Gewässern von Palau gefischt hatte. Die Bilder gingen seinerzeit um die Welt. Im Jahr 2004 wurde Palau daraufhin von der Haischutzorganisation Shark Project zum „Shark Guardian" (Haischützer) des Jahres ausgezeichnet.

Am 25. September 2009 folgte ein weiterer großer Meilenstein in der Geschichte Palaus rund um den Haischutz. Für die eigenen Bürger völlig überraschend verkündete der amtierende Präsident Johnson Toribiong vor der Generalversammlung der Vereinten Nationen in New York, dass Palau mit sofortiger Wirkung die Gewässer seiner Ausschließlichen Wirtschaftszone (AWZ) mit einer Fläche von 620.000 Quadratkilometern zur weltweit ersten offiziell anerkannten Haischutzzone erklären würde.

Von da an war nicht nur das Abtrennen der Flossen, sondern auch das Fangen und Anlanden von Haien per Gesetz verboten. Gleichzeitig forderte er andere Nationen auf, dem Beispiel des kleinen Pazifikstaates zu folgen. Kurz darauf etablierten tatsächlich die Malediven, die Bahamas, Honduras und Tokelau ebenfalls Haischutzgebiete.

Untermauert wurde dieser Schritt durch eine nachgelagerte Analyse einer Nichtregierungsorganisation. Sie kam zu dem Schluss, dass der Wert eines einzelnen lebendigen Riffhais pro Jahr bei etwa 179.000 US-

Dollar durch Einnahmen aus dem Tauchtourismus liegt, während der einmalige Wert eines getöteten Hais im Land nur 108 US-Dollar beträgt. Über die gesamte durchschnittliche Lebensdauer eines Hais ergeben sich Einnahmen von ca. 1,9 Millionen US-Dollar.

Im Jahr 2013 wurde Tommy E. Remengesau als Präsident von Palau wiedergewählt. Ein Jahr später kündigte er, erneut im Rahmen einer UN-Versammlung, an, dass er mit Hochdruck daran arbeiten würde, den gesamten kommerziellen Fischfang in Palau zu verbieten und den Ozean rund um die Inseln zu einem Meeresschutzgebiet zu machen.

Am 22. Oktober 2015 war es dann soweit: Der Kongress von Palau verabschiedete das „Palau Marine National Sanctuary"-Gesetz. Das dadurch entstandene Meeresschutzgebiet zählt zu den größten maritimen Schutzgebieten im Pazifik; 80 % der Gewässer Palaus sind seitdem für Fischerei und Bergbau gesperrt. Die restlichen 20 % stehen der lokalen Bevölkerung zum Fischen sowie in sehr geringem Maße der kommerziellen Nutzung für Fischfang zu Exportzwecken zur Verfügung.

Die Umwandlung erfolgte über einen Zeitraum von fünf Jahren, in dem jedes Jahr die Anzahl der erteilten Lizenzen für kommerziellen Fischfang reduziert wurde.

Seit der Einrichtung des Palau National Marine Sanctuary wurden bedeutende Fortschritte sichtbar. Im Februar und März 2024 führte eine Expedition von National Geographic Pristine Seas in Zusammenarbeit mit lokalen Partnern umfangreiche Untersuchungen durch, die eine bemerkenswerte Artenvielfalt in den Gewässern Palaus aufdeckten, darunter mehr als 500 Fischarten sowie zahlreiche bisher unbekannte Tiefseearten.

Grauer Riffhai am Tauchplatz Blue Corner

Initiativen zum Schutz der Umwelt

Palau Pledge

Der Palau Pledge ist eine in Reisepässe gestempelte Erklärung, ein „Umweltschutzversprechen", das jeder Besucher bei seiner Ankunft unterschreiben muss. Es ist mehr als nur ein übliches Einreisedokument, sondern eine bindende Zusage. Denn mit ihrer Unterschrift verpflichten sich alle Gäste des Inselstaates die natürliche und kulturelle Vielfalt Palaus vor den negativen Auswirkungen des Tourismus zu schützen. Immerhin sind allein 80 % seiner Gewässer in Palau als Meeresschutzgebiet ausgewiesen, was einer Fläche

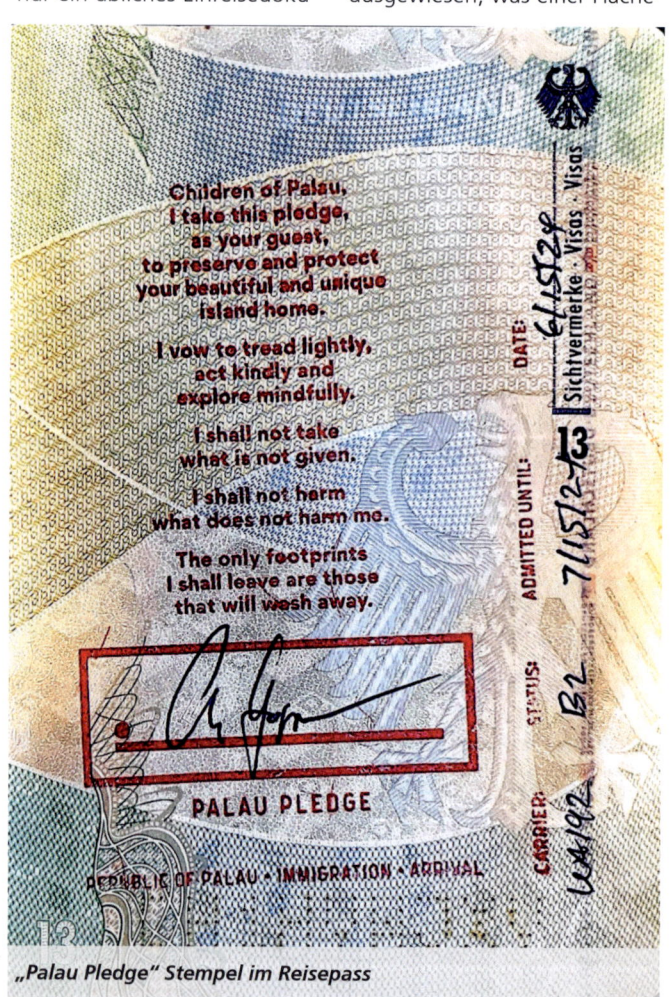

„Palau Pledge" Stempel im Reisepass

von Frankreich entspricht und zählt somit zu den 20 größten Meeresschutzgebieten der Welt.

Darum verpflichten sich Besucher, das Land zu bewahren, nichts zu nehmen, was nicht freiwillig gegeben wird, und keinen Schaden anzurichten. Das Gelöbnis betont, dass nur Fußspuren hinterlassen werden, die vom Meer weggespült werden – so soll diese Verpflichtung den Erhalt der Schönheit Palaus für künftige Generationen gewährleisten.

Eine weitere Besonderheit des Palau Pledge ist die Mitwirkung von Kindern bei der Ausformulierung des Textes. Aktiv Umweltschutz zu betreiben, Respekt zu haben gegenüber der Lebensweise der Palauer, die eng mit ihrer Umwelt verbunden ist und entsprechend sensibilisiert für Nachhaltigkeit zu sein, ist die Zusage alles Touristen die man den Kindern von Palau gibt. Den Kindern, niemandem sonst.

Riffverträgliche Sonnencreme

In einigen Tauchdestinationen dieser Welt sind herkömmliche Sonnencremes mit schädlichen Inhaltsstoffen bereits verboten. Palau war die erste. Das Ziel ist es, den Schutz der Meeresumwelt zu verstärken, da Millionen von Touristen jährlich in diesen Gewässern schwimmen oder tauchen. Herkömmliche Sonnenschutzmittel beinhalten Oxybenzon und Octinoxat, die eine toxische Wirkung auf Korallen haben. Das beschleunigt die sogenannte Korallenbleiche, verzögert die Entwicklung von Korallenlarven und schädigt die DNA der Tiere. Riffverträgliche Sonnencremes enthalten stattdessen Zinkoxid oder Titaniumdioxid, die physikalisch genauso gut gegen UV-Strahlen schützen, ohne giftige Chemikalien freizusetzen.

Derzeit öffnet niemand bei der Einreise Gepäck am Flughafen, um zu überprüfen, welche Sonnenschutzmittel eingeführt werden. Dennoch ist es Gesetz und ungeheuer wichtig, diese entweder vor der Abreise einzukaufen, „riffverträgliche Sonnencreme" ist kaum teurer als herkömmliche Präparate. Oder man beschafft sie sich in Palau an Hotelrezeptionen, in Supermärkten oder bei den meisten Tauchbasen.

Ressourcenschonung gehörte schon immer zur Tradition der Palauer. Drohte bestimmten Küstenabschnitten Überfischung, verhängten die Stammesfürsten einen so genannten „Bul" – ein Tabu oder Verbot und sperrten, unter Umständen auch für Jahre, schutzbedürftige Bereiche.

Im Prinzip macht man das bis heute so. Als Ergänzung moderner Methoden. Durch die Integration alter Praktiken und moderner Wissenschaft bleibt Palau ein Vorbild im Umweltschutz und zeigt, wie kulturelles Erbe zur Bewältigung heutiger Umweltprobleme beitragen kann.

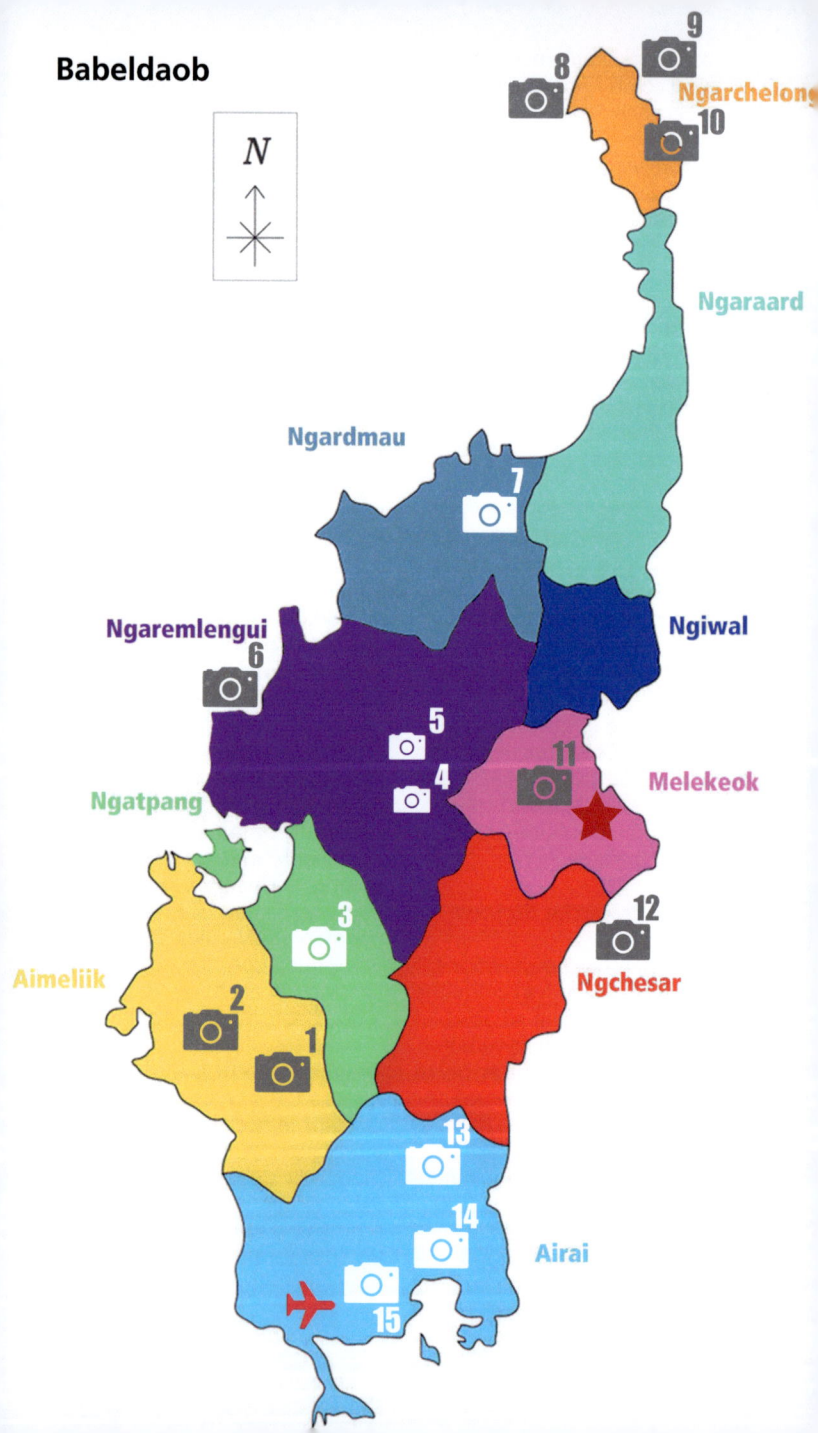

Legende

Hauptstadt

Flughafen

Sehenswürdigkeiten

Oben: traditionelle Kunst am japanischen Leuchtturm
Unten: ehemaliges japanisches Kommunikationszentrum

Inseln

Babeldaob

Die größte Insel des Archipels (330 km², ca. 70 % des Staats-gebietes, 44 km lang und max. 14 km breit) besteht aus vulka-nischem Gestein und ist deutlich hügeliger als die anderen In-seln. Der höchste Berg Palaus, der Mt. Ngerchelchuus (231 m) liegt in Ngardmau. Babeldaob ist die zweitgrößte Insel Mikro-nesiens. Zehn der insgesamt 16 administrativen Regierungs-bezirke Palaus befinden sich hier. 2006 wurde das in der Mitte der Insel gelegene Dorf Ngerulmud im Bezirk Melekeok zur neuen Hauptstadt ernannt und löste Koror ab.

Babeldaob ist ein Paradies für Naturliebhaber, mit ca. 820 Arten und Unterarten von Pflanzen, davon gelten mehr als 20 % als endemisch. Von den 50 in Palau ganzjährig lebenden Vogelar-ten sind 43 auf Babeldaob gesichtet worden.

Fährt man von Koror aus nach Babeldaob, führt der Weg zu-nächst über die einzige Brücke, die Babeldaob mit den südlich gelegenen Inseln verbindet. Sie wurde Palau von Japan als Zei-chen der Freundschaft ge-schenkt, nachdem die ursprüng-lich erbaute Brücke im Jahr 1996 plötzlich einstürzte und die Wasser- und Energieversor-gung zwischen den beiden In-seln komplett unterbrach, was seinerzeit zum Ausruf des Not-standes führte.

Die traditionellen Dörfer auf Babeldaob liegen entlang der Küstenlinie und sind sichtbare Zeichen der Vergangenheit, als der Lebensunterhalt von den Männern überwiegend durch Fischfang bestritten wurde. Entlang der Straßen ziehen sich nach wie vor kleine Taro-Felder entlang, die meist von den Frauen der Familien bewirt-schaftet werden. Anders als im asiatischen Raum ist das Grund-nahrungsmittel in Palau nicht Reis, sondern diese Pflanze, bei der neben den stärkehaltigen Knollen auch die Stiele (als Ge-würz) und Blätter (für Suppen) genutzt werden.
Außer Taro-Plantagen passiert man gelegentlich auch Ananas-, Papaya-, Mango- und Bananen-plantagen.

Neben dem klassischen Fisch-fang spielt der Krabbenfang in den Mangrovenwäldern von Babeldaob ebenfalls eine große Rolle für die Abwechslung auf dem täglichen Speiseplan.

Mit der Verlegung der Haupt-stadt nach Babeldaob wurde das Straßennetz ausgebaut, sodass die Ringstraße, die die Insel umrundet, vollständig asphaltiert ist. Inklusive einge-rechneter Pausen, um die ein-zelnen, vorgeschlagenen Punkte zu besichtigen, kann man Ba-beldaob gut als Tagesausflug von Koror aus einplanen. Wer

Babeldaob ist von Mangroven umgeben

eine Wanderung zu den Wasserfällen unternehmen oder dort baden möchte, sollte für die Erkundung der Insel einen weiteren Tag einplanen..

Tipp: Planen Sie einen Tag für eine „Kultur- und Geschichtstour" ein, sowie einen weiteren für verschiedene Aktivprogramme.

Die nachfolgend beschriebenen Sehenswürdigkeiten folgen der Ringstraße im Süden beginnend zunächst über die Westseite der Insel und nach dem Scheitelpunkt im Norden entlang der Ostseite zurück.

Aimeliik State

Der im Südwesten gelegenen Verwaltungsbezirk umfasst 37 km² und besteht überwiegend aus Land und Mangroven. Der nördlich gelegene Tabecheding-Fluss bildet eine natürliche Grenze zum Nachbarbezirk Ngatpang. Aimeliik wird stark landwirtschaftlich genutzt.

Geisterhaus

Die ursprüngliche Religion Palaus, Modekngei, basiert stark auf Verbindungen mit der Natur. So hatte beispielsweise jedes Dorf ein Tier, dem es besonders verbunden war und das nicht verletzt oder getötet werden durfte. Eine weitere, wichtige Rolle spielten Naturgeister, für die kleine Häuser errichtet wurden. Diese waren oft ebenso bunt und reich verziert wie die Bai. Dem Naturgeist wurden im Geisterhaus Opfer dargebracht. Die größeren Geisterhäuser konnten betreten wer-

den. Dieses Privileg war allerdings den Priestern vorbehalten.
Lage: Karte S. 32, 1

Bai von Aimeliik

Das ursprüngliche *Bai* des alten Dorfes Ngerkeai bestand um die Jahrhundertwende (1900) nur noch aus Ruinen. Es wurde 1980 nach der traditionellen Methode wieder aufgebaut. Auch heute noch wird das Bai verwendet, wenn ein neuer Chief ernannt und in sein Amt eingeführt wird.

Das Bai wird ohne Zuhilfenahme von Nägeln erbaut, die Holzbalken werden mit Kokosnussfasern verbunden und die Konstruktion kann – ähnlich wie bei einem Fachwerkhaus – ab- und an einem anderen Ort wieder aufgebaut werden. Die Ausrichtung erfolgt immer von Ost nach West, ebenso wie es für die Wohnhäuser gelten sollte. Ältere Palauer wissen Geschichten zu erzählen, demzufolge jüngere Generationen diese Regel als Aberglauben abgetan haben und deren Familien binnen weniger Jahren auseinander fielen. Hinter dem Bai befindet sich eine große Steinplatte, auf der früher Menschenopfer dargebracht wurden. Außerdem die Schale einer Riesenmuschel, die für die anschließende Säuberung der Hände verwendet wurde.
Lage: Karte S. 32, 2

Folgt man der Straße nach dem Bai noch weiter Richtung Wasser, biegt an der nächsten T-Kreuzung nach rechts und an der darauf folgenden T-Kreu-

PALAU & MIKRONESIEN ÜBER UND UNTER WASSER

.. mit dem Spezialanbieter seit 1988 für Ihre individuelle oder geführte Reise.

Unsere beliebtesten Reisen:

Palau - meet the Sharks

Palau inkl. Flüge ab/bis Frankfurt, 7 Nächte Hotel Palau Central in
Koror mit Frühstück und Transfers, 5 Tauchtagen und einem
Chandelier Cave Dive.

10 Tage

Palau, Yap und Truk - Sharks, Mantas and Wrecks

Palau, Yap und Truk Lagoon inkl. Flüge ab/bis Frankfurt, alle Transfers,
7 Nächte Palau Cental Hotel mit Frühstück, Palau - 10 Tauchgänge,
5 Nächte Manta Ray Bay Resort mit Frühstück, Yap - 10 Tauchgänge,
5 Nächte Blue Lagoon Resort mit Frühstück,
Truk Lagoon - 8 Tauchgänge.

24 Tage

Mikronesien - wie aus dem Bilderbuch

Guam, Truk Lagoon, Pohnpei, Yap und Palau inkl. Flüge ab/bis Frankfurt,
2 Nächte Holiday Resort - Guam, 3 Nächte Blue Lagoon Resort - Truk Lagoon,
3 Nächte Mangove Bay Hotel - Pohnpei, 3 Nächte Manta Ray Bay Resort - Yap,
4 Nächte Palau Central Hotel - Palau,
inkl. Transfers und Landausflüge

19 Tage

Unser beliebtester geführter Reise-Baustein:

Geführte 3-tägige Kajaktour

ab/bis Koror. Die Kajak-, Schnorchel- und Camping Safari ist einer der besten Wege
die Rock Islands von Palau kennen zu lernen. Zusammen mit einem einheimischen
Guide entdecken Sie die beeindruckende Natur.

3 Tage

Weitere Vorschläge, ausführliche Beschreibungen
und individuelle Ausarbeitung unter:

📘 📷 pacific.travel.house

Pacific Travel House Reiseveranstaltungs GmbH
Schwanthalerstraße 100, D-80336 München
info@pth-muc.de, ☎089-543 21-80

PACIFIC TRAVEL HOUSE

www.pacific-travel-house.com

zung nach links ab, gelangt man zum Grabmal von Malsol. Der Krieger half dem Sohn von Direngulbai, der Frau mit dem höchsten Rang in Aimeliik, die mit dem Paramount Chief Reklai von Melekeok verheiratet war, beim Bau des Bai.

Bei einer Diskussion, wer den letzten Teil bauen dürfe, gerieten die beiden in Streit, und Malsol stieß den Sohn von Direngulbai zu Tode.

Die Mutter schwor Rache und bat den Reklai um Hilfe, der einen anderen Krieger ausschickte, der Malsol verwundete.

Man brachte ihn in das Dorf, wo ihn die Frauen zu Tode steinigten. Aus diesen Steinen wurde sein Grab errichtet.

Ngatpang

Der an der Westküste gelegene Verwaltungsbezirk ist ca. 40 km² groß. Das traditionelle Dorf Ngerdubech spielt in der mündlichen Überlieferung der Entstehungsgeschichte Palaus eine große Rolle.

Bukl er a Ngemelkii Terrassen

Auf Babeldaob befinden sich etliche prähistorische Terrassen, deren Bedeutung nicht ganz geklärt ist. Die Bukl er a Ngemelkii Terrassen ziehen sich direkt rechts der Teerstraße entlang den Berg hoch und sind somit einfach zu besichtigen und fotografieren.
Lage: Karte S. 32, 3

In Ngatpang gibt es einen schönen Wasserfall, den Ngatpang Wasserfall. Er ist zwar nicht so hoch und beeindruckend wie der von Ngardmau, von Koror

aus jedoch schneller zu erreichen und näher an der Teerstraße.

Ngaremlengui

Dieser Verwaltungsbezirk ist mit 68 km² der größte in Palau und liegt ebenfalls an der Westküste von Babeldaob. Hier befinden sich einige der höchsten Hügel des Inselstaates und der längste Fluss, der Ngermeskang. In der Vergangenheit und Entstehungsgeschichte spielte der Bezirk eine wichtige Rolle und viele archäologische Fundstätten befinden sich in dem Gebiet. Während der japanischen Kolonisierung befanden sich hier etliche Plantagen und eine Ananas-Konservenfabrik.

Ngermeskang Bird Sanctuary

Direkt neben der Teerstraße, kurz hinter dem Meilenstein 13, befindet sich das Ngermeskang Bird Sanctuary (Vogelschutzgebiet). Hier lebt unter anderem die endemische und seltene Palau-Fruchttaube.
Lage: Karte S. 32, 4

Japanische Ananas-Konservenfabrik

Beim Ngermeskang River Park befinden sich auf der gegenüberliegenden Straßenseite die Überreste einer japanischen Fabrik, in der früher Ananas in Konserven abgefüllt wurden. Das Gebäude ist zerfallen, zu sehen sind noch die Öfen und einige vor sich hin rostende Maschinen. Der Kontrast zu den grünen Pflanzen, die sich im Laufe der Zeit das Areal zurückerobert haben und die gelben Blüten einiger Pflanzen ergeben

einen reizvollen Kontrast und lohnende Fotomotive.
Lage: Karte S. 32, 5

Kanonen aus dem Krieg

Folgt man der Straße Richtung Wasser und hält sich bei Abzweigungen eher nach rechts, landet man am Ende auf einem Hügel mit einer großartigen Sicht auf die West-Passage. Diese strategisch günstige Position hatten sich auch die Japaner im Zweiten Weltkrieg zunutze gemacht und Kanonen platziert. Die zerfallenen und verrosteten Überreste zweier Kanonen befinden sich direkt am Ende der Straße, eine dritte ist in einem kleinen Schutzbunker platziert, den man über den kleinen Feldweg erreicht.
Lage: Karte S. 32, 6

Ngardmau

Der an der Nordwestküste Babeldaobs gelegene Verwaltungsbezirk ist ca. 30 km² groß. Hier befindet sich der größte Wasserfall Palaus.
Unter der japanischen Besatzung wurde in dem Bezirk Bauxit abgebaut, die Überreste der Produktionsanlage kann man von der Teerstraße aus noch sehen.

Ngardmau Wasserfall

Der höchste Wasserfall ganz Mikronesiens ist 37 m breit und stürzt vom Mt. Ngerchelchuus 30 m in die Tiefe. Der Weg zum Wasserfall führt durch Dschungelvegetation und ist ziemlich steil. Am unteren Ende des Wasserfalls läuft das Wasser in Pool-ähnliche Becken, in denen gebadet werden kann. Der Rückweg wird von vielen als anstrengend empfunden.

Der Eingang zum Wasserfall befindet sich rechts neben der Teerstraße, zwischen den Meilensteinen 19 und 20.
Lage: Karte S. 32, 7

Ngaraard

Der am Nordende Babeldaobs gelegene Verwaltungsbezirk ist mit dichtem Wald überzogen und wird an den Rändern von Mangrovenwäldern auf der Westseite geschützt. Auf der Ostseite dominieren sandige Küstenabschnitte.
Zwischen Ulimang und Ngebuked sowie zwischen Elab (Chelab) und Ngesang befinden sich noch gut erhaltene, historische Steinpfade. Elab gilt als eines der best erhaltenen traditionellen Dörfer auf der Insel und war früher als Zentrum der Töpferei bekannt. Im Boden findet man hier häufig noch antike Tonscherben.

Ngarchelong

Der nördlichste Verwaltungsbezirk Babeldaobs ist durch sanft abfallende Hügel gekennzeichnet und von dichten Mangroven an der Küstenlinie geschützt. Zu Ngarchelong gehören noch zwei kleine Inseln, Ngerkeklau und Ngerchur.

Steinsarg (Tet el Bad)

Der Tet el Bad ist ein rechteckiger Steinsarg und steht auf einer steinernen Plattform im Dorf Ollei an der Nordspitze der Insel. Der aus Andesitbasalt bestehende Sarg ist der einzige Steinsarg Palaus. Der Sarkophag

Überreste der japanischen Ananas-Konservenfabrik

Badrulchau Steinmonolithen

Blick über Babeldaob

Wasserfall mitten im Regenwald

Regierungssitz

Traditionelles Kriegskanu

ist 233 Zentimeter lang, 66 Zentimeter breit und 40 Zentimeter hoch, die Wände sind 12 Zentimeter dick.

Der Tet el Bad steht bei der UNESCO auf der Liste der Kandidaten, die eventuell zum Weltkulturerbe erklärt werden sollen.
Lage: Karte S. 32, 8

Ehemaliger japanischer Leuchtturm

Das Bauwerk wurde während der Kolonialzeit errichtet und diente einst als Navigationshilfe für Schiffe. Heute ist der Leuchtturm ein historisches Relikt und Sehenswürdigkeit mit phantastischem Ausblick.
Lage: Karte S. 32, 9

Badrulchau Steinmonolithen

Die Fundstelle der Badrulchau Steinmonolithen gilt als größte und wahrscheinlich auch älteste Megalithstätte Palaus. Hier befinden sich 39 Monolithen und 37 gemeißelte Gesichter.
Einer Legende zufolge wurde Badrulchau von acht Männern als gigantisches Gemeindehaus erbaut. Man nahm an, dass sie halb Götter und halb Mensch seien. Die Monolithen wurden 1966 vom US-Archäologen Dr. Douglas Osborne auf einen Entstehungszeitraum von 80-150 n. Chr. datiert.

Einige der Steine zeigen Gesichter, denen aber allesamt klar definierte Nasen fehlen. Andere hingegen scheinen den Betrachter anzulächeln. Reist man von Palau aus weiter Richtung Osten, findet man ähnliche Steingesichter auf Kosrae, Pohnpei und den Osterinseln.

Am Eingang zu den Monolithen wurde ein kleiner Picknickplatz eingerichtet, von dem aus man einen schönen Blick über die Ostseite der Insel und den dahinter liegenden Pazifik genießen kann.
Lage: Karte S. 32, 10

Ngiwal

Mit nur 17 km² ist Ngiwal der zweitkleinste Regierungsbezirk. Aus touristischer Sicht gibt es in dem Bezirk keine nennenswerten Punkte, die man sich anschauen sollte.

Melekeok

Melekeok liegt in der Mitte der Insel an der Ostküste und erlangte 2007 Bedeutung mit der Verlegung der Hauptstadt von Koror hierher. In dem administrativen Staat leben nur 318 Einwohner (Volkszählung 2020). Die Rechnung der Palauer, dass mit der Verlegung des Regierungssitzes sich auch Geschäfte und Einwohner in Melekeok ansiedeln und so die teils angespannte Verkehrssituation in Koror entlasten würden, ist bislang nicht aufgegangen.

Regierungsgebäude

Kommt man mit dem Auto von Norden und nähert sich den Regierungsgebäuden, traut man zunächst seinen Augen nicht. Einer Fata Morgana gleich erheben sich inmitten des Regenwaldes hell strahlende Gebäude, deren zentrales Element stark an das Kapitol in Washington erinnert. Bei näherem Hinsehen lösen sich jedoch Glanz und Gloria in Luft auf.

Für eine Hauptstadt geht es, verglichen mit anderen Hauptstädten, ruhig zu. Aber natürlich werden die Regierungsgebäude ihrer Bestimmung nach genutzt. Die Infrastruktur drum herum scheint noch nicht recht entwickelt zu sein. Auch von außen ist die Optik besser als die Konsistenz der Bausubstanz. Klopft man gegen die Säulen, stellt man überrascht fest, dass diese aus Fiberglas erbaut sind! Besonders grotesk wirken die Schilder auf dem Parkplatz, die darauf hinweisen, dass die Solaranlage mit finanziellen Mitteln der Europäischen Union gebaut wurde. Zum Gebäudekomplex gehören neben dem Parlamentsgebäude auch Gebäude der Exekutive und Judikative.
Lage: Karte S. 32, 11

Im Dorf Melekeok lohnen ein gut erhaltenes Bai und die alten Steinpfade den Abstecher, wenn man nicht schon ein anderes Bai besichtigt hat. Gleiches gilt für die Odal Melech Steingesichter, wenn man den Ausflug zu den Badrulchau Steinmonolithen verpasst hat. Der Ngardok-See ist der größte Süßwasser-See Mikronesiens und liegt im gleichnamigen Naturschutzgebiet. Für einen Besuch benötigt man jedoch eine spezielle Genehmigung.

Ngchesar

Der an der südlichen Ostküste gelegene Bezirk erstreckt sich über eine Fläche von 41 km².

Kokosnuss-Plantagen prägen über weite Teile das Landschaftsbild.

Kriegskanu

Das etwa 13 Meter lange Kanu ist eine Replik des Bisebusch Kabekel (Kriegskanu) und wurde mit traditionellen Mitteln erbaut. Das Original-Kanu gehörte den Kriegern der Männergruppe Ngara-Bitelaol. Es war berühmt und berüchtigt und wurde im vereinten Kampf von Palau gegen Peleliu vor mehr als 100 Jahren eingesetzt.
Lage: Karte S. 32, 12

Airai

Der südlichste Verwaltungsbezirk Babeldaobs ist 55 km² groß und nach Koror der bevölkerungsreichste Palaus. In Airai befindet sich der internationale Flughafen von Palau. Von hier aus starten auch die Panoramarundflüge über die Rock Islands.

Wer für die komplette Tagestour in Babeldaob keine Zeit findet, kann zumindest für ein paar Stunden die wichtigsten Sehenswürdigkeiten in Airai anschauen, die zwar unter Umständen nicht so spektakulär wie die in den anderen Bezirken sind, jedoch einen repräsentativen Querschnitt durch die wichtigsten kulturellen und historischen Elemente Palaus bieten.

Airai Bai

Das Bai von Airai soll über 200 Jahre alt sein. Die Fassade und die Stützbalken im Inneren sind dekoriert mit Darstellungen von Legenden aus Palau. Auf dem

Gelände befinden sich auch einige alte Steinpfade.
Lage: Karte S. 32, 13

Kaigun Sho – Japanisches Kommunikationszentrum

Das Gebäude diente von 1926-1944 als Schule und folgte dem japanischen Erziehungsprinzip. Zunächst wurden die Kinder für zwei Jahre eingeschult, eine Einteilung in Klassen erfolgte nicht. Machte der Schüler gute Lernfortschritte, wurde die Schulausbildung für weitere zwei Jahre verlängert.

Gegen Ende des Zweiten Weltkrieges wurde das Gebäude zur japanischen Kommunikationszentrale umfunktioniert. Das Gelände diente teilweise als Filmkulisse für den 1968 gedrehten Film „Die Hölle sind wir" (engl. Originaltitel: „Hell in the Pacific") mit Lee Marvin in der Hauptrolle.
Lage: Karte S. 32, 14

Yapesisches Steingeld

Die Fundstelle befindet sich auf der kleinen Insel Metuker er a Bisech, die an der Südküste von Airai liegt und nur per Boot erreicht werden kann. Die Steinplatte ist gebrochen, dies geschah vermutlich während ihres Transportes zur Küste und deswegen wurde sie zurückgelassen. Die Platte hat einen Durchmesser von ca. 3,5 Metern und ist 20 Zentimeter dick, was sie zu einem der größten Fundstücke des Yapesischen Steingeldes macht, das je in den Rock Islands gefunden wurde.
Lage: Karte S. 32, 15

Biota

Das ebenfalls im Süden von Airai angesiedelte Unternehmen hat sich einen guten Ruf im Bereich Aquakultur mit der nachhaltigen Zucht von Korallen, Fischen und Muscheln erworben. Hauptabnehmer sind US-amerikanische Aquaristen. Es wird jedoch in Abstimmung mit der Regierung von Palau auch an Projekten gearbeitet, bestimmte Fisch- und Korallenarten für die Ansiedlung beziehungsweise Auswilderung in den Gewässern des Inselstaates zu ermöglichen.

Ein besonderer Augenmerk liegt auf der Züchtung der Büffelkopf-Papageifische mit dem Ziel, diese wieder in anderen Ländern im Pazifik anzusiedeln, in denen sie bereits als ausgestorben gelten, sowie in größeren Mengen als wertvolle Nahrungsquelle dienen können. Ein Besuch der Zuchtanlagen ist nach vorheriger Anmeldung möglich.

Mall

Seit dem Jahr 2020 hat auch Palau eine Mall nach amerikanischem Vorbild, sie beherbergt auf einer Fläche von über 10.000 Quadratmetern ein großes Kaufhaus mit Supermarkt, Mode- und Elektroabteilung, einige Einzelhandelsläden sowie ein Sportgeschäft. Zudem gibt es verschiedene gastronomische Angebote, die von Fast-Food-Restaurants bis hin zu Cafés reichen. Sie befindet sich im Süden von Airai, kurz vor der Brücke, die Babeldaob mit Koror verbindet.

Yapesisches Steingeld

Geisterhaus, Airai

Alte Legenden verzieren auch heute noch die Gebäude

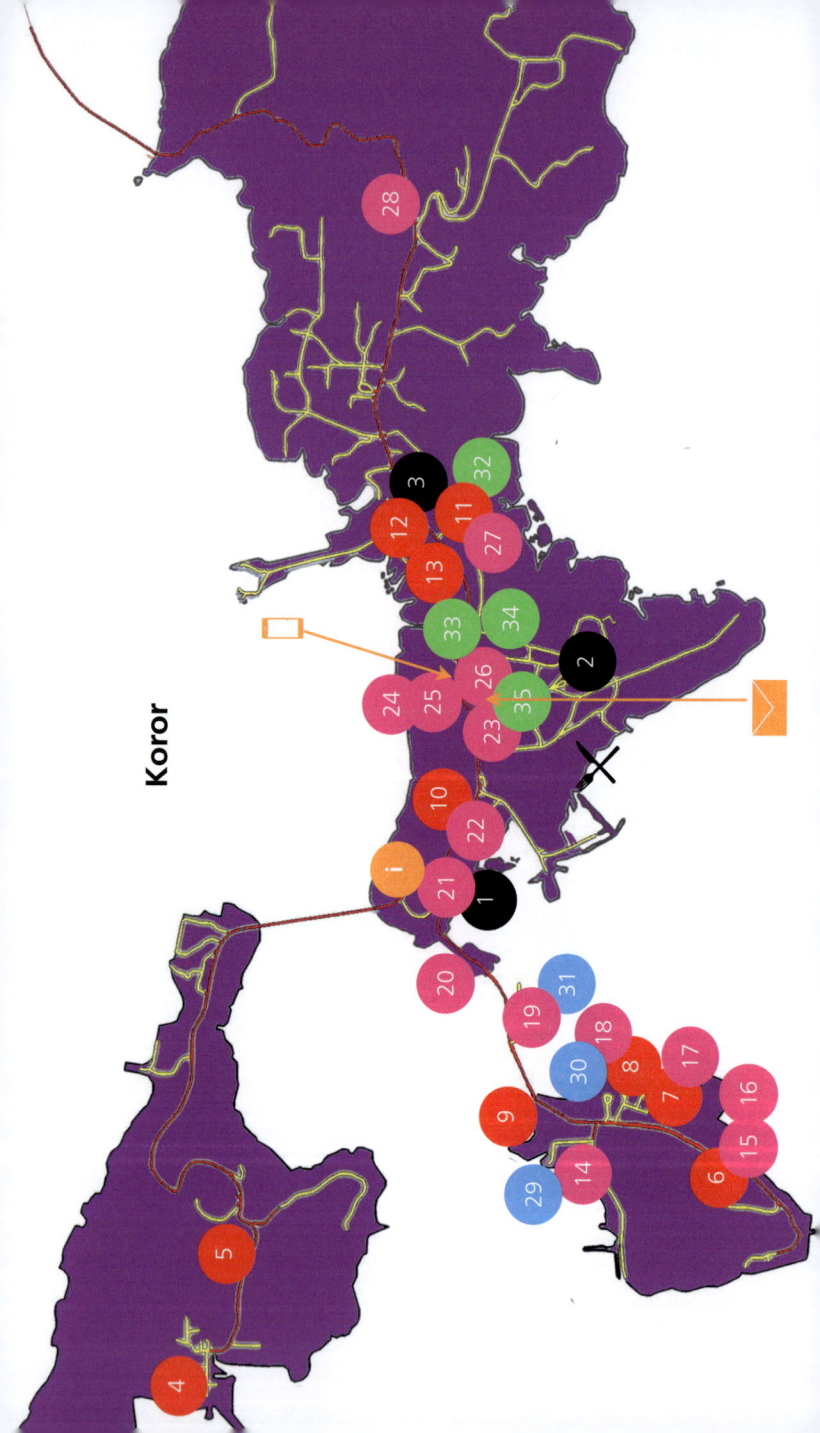

Koror

Legende

Sehenswürdigkeiten

01 – Palau Aquarium
02 – Belau National Museum
03 – Etpison Museum

Unterkünfte

04 – Palau Pacific Resort
05 – Carolines Resort
06 – West Plaza Malakal
07 – Palau Royal Resort
08 – Cove Resort
09 – Sea Passion Hotel
10 – DW Motel
11 – Palau Central Hotel
12 – Palasia Hotel
13 – West Plaza at Lebuu Street

Restaurants

14 – Bottom Time Bar & Grill
15 – Palm Bay Bistro
16 – Krämers Bar & Restaurant
17 – The Hungry Marlin
18 – Drop Off Bar & Grill
19 – Barracuda Restaurant
20 – Elilai Seaside Dining
21 – Umi Korean & Japanese Cuisine
22 – Rock Island Cafe
23 – HK Lucky Restaurant
24 – The Taj
25 – Mito Sushi Restaurant
26 – Tori Tori Restaurant
27 – The Canoe House
28 – Katey's Healing Garden

Tauchbasen

29 – Sam's Tours
30 – Neco Marine
31 – Fish 'n Fins

Einkaufen

32 – Palau Central Trading Co.
33 – WCTC Shopping Center
34 – Surangel & Sons
35 – Gefängnisshop

Post

Palau National Communications Corporation

Palau Visitors Authority

Koror

Während der spanischen Kolonialzeit befand sich hier nur ein kleines Fischerdorf. Erst die Deutsche Kolonialverwaltung errichtete eine Verwaltungsstation und begann mit dem Ausbau des Hafens. Die frühere Hauptstadt des Inselstaates ist nach wie vor das wirtschaftliche Zentrum. Hier befinden sich die meisten Hotels, Restaurants und Geschäfte und Kaufhäuser. Rund 11.200 Einwohner leben in dem Verwaltungsbezirk. Die meisten Parlamentsabgeordneten unterhalten ein Korrespondenzbüro. Verschiedene Honorarkonsulate, darunter das der Bundesrepublik Deutschland, haben ihren Sitz ebenfalls in der Stadt.

Fährt man vom Flughafen auf der Insel Babeldaob über die Brücke nach Koror, fällt die Hauptstraße zunächst in sanften Hügeln hinab in das Ortszentrum, um sich dann einige Kilometer flach fortzuziehen, bevor sie nochmals über einen kleinen Hügel in Richtung der Insel Malakal weiter abfällt. Am frühen Abend kommt es auf der Hauptstraße in Koror häufig zu Staus. Dies sollte berücksichtigt werden, wenn man von einem der etwas weiter entfernt liegenden Hotels zum Abendessen in die Ortsmitte fahren möchte.

Um alle Sehenswürdigkeiten Korors, zu denen unter anderem das Belau National Museum und das Etpison Museum zählen, zu erkunden, sollte man einen ganzen oder zwei halbe Tage einplanen. Souvenirs und Artikel des täglichen Bedarfs lassen sich ebenfalls gut in Koror besorgen. Die Auswahl ist weitaus größer als in den kleinen Shops, die einige Hotels unterhalten.

Im westlichen Teil Korors befindet sich das Büro des Fremdenverkehrsamtes (Palau Visitors Authority), das Kartenmaterial, Werbebroschüren der Hotels, Restaurants und Adressen von Tourenanbietern bereithält. Die hauseigene Broschüre trägt den Titel „Visit Palau Travel Guide".

Bis auf Geschäfte und Restaurants entlang der Hauptstraße empfiehlt es sich nicht, Koror zu Fuß zu erkunden, dafür sind Distanzen, durchschnittliche Temperaturen und Luftfeuchtigkeit zu groß. Alternativ bieten Tauchcenter auch Touren durch Koror mit ortskundiger Begleitung an (Details im Adressteil ab S. 115).

Für Taxis gelten festgelegte Preise. Es wird derzeit an der Einführung einer Buslinie gearbeitet.

Bei Drucklegung des Reiseführers führte die Strecke vom Belau National Hospital im Ortsteil Meyuns, entlang der Hauptstraße bis zum neuen Surangel's Supercenter im Süden von Babeldaob. Die Busstrecke wird momentan nur von Montag bis Freitag betrieben. Die Streckenführung soll erweitert werden.

Zum Shoppen ins Gefängnis

In Koror fertigen Insassen des Gefängnisses kunstvolle Holzschnitzereien an, die als „Storyboards" bekannt sind. Diese traditionell geschnitzten Tafeln stellen lokale Legenden und Geschichten dar und sind bei Touristen als Souvenirs ausgesprochen beliebt. Der Verkauf dieser Kunstwerke aus der Haft heraus, bietet den Gefangenen nicht nur eine sinnvolle Beschäftigung, sondern auch eine Möglichkeit, Einkommen zu erzielen und ihre Familien zu unterstützen. Lage: im Zentrum, hinter der Polizeistation. Karte S.46, 35

Markt

Im Bethlehem Park, auf der kleinen Straße, die von der Hauptstraße Richtung Polizeistation und Gefängnis abbiegt, findet vormittags ein Markt statt. Unter anderem findet man hier Betelnüsse (s.S. 79), Obst, Kokosnüsse, sowie Backwaren und kleine Snacks.

Entlang der Hauptstraße (Main Street) findet man zahlreiche Läden, Souvenirshops, Restaurants, sowie das Büro der Palau National Communications Corporation. Da Palau derzeit kein Roaming-Abkommen mit europäischen Anbietern abgeschlossen hat, müssen hier lokale SIM-Karten für das Mobiltelefon erworben werden, wenn das Telefon während des Urlaubs genutzt werden soll. Für den Erwerb muss der Reisepass vorgelegt werden. Beim Einrichten der Karte sowie der Auswahl der passenden Tarife sind die Mitarbeiter gerne behilflich.

In der Nähe des Palau Visitors Authority-Gebäudes liegt das Senior Citizen Center. Hier werden nicht nur Storyboards und handgewebte Produkte verkauft, man kann teilweise auch den Senioren bei der Arbeit zuschauen.

Im östlichen Teil Korors liegen zwei von insgesamt drei Kaufhäusern der Insel, WCTC und Surangel's Supercenter (Karte S. 46, 33 + 34) einander schräg gegenüber. Von Batterien bis zu Speicherchipkarten erhält man in Koror eigentlich fast alles, was man eventuell daheim vergessen hat. Da alle Waren nach Palau importiert werden, liegen die Preise zum Teil über denen in Europa. Bei nicht ganz so gängigen Artikeln kann es auch zu Verfügungsengpässen kommen.

Auf der Insel Malakal, die zu Koror gehört, befindet sich am Ende das Palau Mariculture Demonstration Center. Das Zentrum wurde durch seine Pionierarbeit bei der Zucht der vom Aussterben bedrohten Riesenmuscheln bekannt. Die meisten Setzlinge der Riesenmuscheln werden an die Regierungen der Regierungsbezirke für Wiederansiedlungsprogramme verteilt. Einige Muscheln werden für den Sashimi-Handel exportiert. Junge Muscheln werden auch von einem lokalen Unternehmen für den Export in den Aquarienhandel angekauft. Der Fischbrutanstalt des PMDC ist es gelungen, Lippfische und Zackenbarsche zu züchten. Diese Fische sind auf den Märkten für lebende Rifffische in Asien sehr begehrt.

Der Markt in Koror

Blick auf den Hafen vom Krämers Bar & Restaurant

Sonnenuntergang vor dem Elilai Seaside Dining

Die Chelbacheb-Inseln (Rock Islands)

Das verwinkelte Seegebiet mit über 200 Inseln und seine Unterwasserwelt sind ein beliebtes Urlaubsziel von Sporttauchern und Kajakfahrern aus aller Welt. Auf einer Fläche von 100.200 ha, eingefasst von einem ovalen Saumriff mit nur einer natürlichen Öffnung im Norden in Richtung der Insel Koror, reiht sich ein kleines Wunder an das nächste. Die Kalksteininseln sind teilweise unterspült oder ausgehöhlt, was zu einzigartigen Inselformen oder Höhlenbildungen wie dem Kegelkarst führte. Und das liegt daran: Als sich die Kalksteinsockel mit den darauf lebenden Korallenblöcken durch tektonische Verschiebungen aus dem Wasser hoben und zum Teil in der Mitte wieder einsackten, bildeten sich 52 sogenannte „Marine Seen" („Brackwasser-See" ist ein anderes Wort dafür), so viele wie nirgendwo sonst auf der Welt. Kalkstein ist porös und ermöglicht so das Eindringen von Salzwasser in Wände und Böden, während durch hohe Niederschläge Süßwasser von oben eindringt. In jedem See ist das Verhältnis zwischen Salz- und Süßwasser ein wenig anders, entsprechend entwickelten sich völlig isoliert unterschiedlich angepasste Lebensformen. Das bekannteste Beispiel dafür ist der Jellyfish Lake (Quallensee) auf der Insel Eil Malk. Die Rock Islands lassen sich grob in vier Hauptgruppen unterteilen: Die Ulebsechel-Inseln im Nordosten, nahe der Insel Koror gelegen, die Urukthapel-Inseln im Süd-Westen, die Ulong-Inselgruppe im Westen und die im Südosten des Archipels gelegenen Mecherchar-Eilande (dort liegt die Insel Eil Malk). Hinzu kommen einige kleinere Inselgruppen im Südwesten und Süden des Archipels.

Endemische Varianten bereits bekannter Lebewesen siedelten sich schon vor der Erklärung zum Schutzgebiet zusätzlich zu den für dieses Seegebiet typischen Meeresbewohnern zwischen Koror und Peleliu an. Diese Zuwanderung erhöhte die Fülle und Dichte maritimen Lebens weiter. Über 1.300 Fisch- und 700 Korallen- und Anemonenarten gibt es in und um Palau, die meisten in den Rock Islands. Hinzu kommen seltene und gefährdete Arten wie Dugongs, Riesenmuscheln oder Salzwasserkrokodile. Bis heute sind längst nicht alle Arten der in den Rock Islands lebenden Tiere und Pflanzen des Meeres bestimmt und klassifiziert. Zudem bieten diese unbewohnten Inseln vielen Vögeln, Fledermäusen, Pflanzen – speziell Orchideen – eine sichere Zuflucht. 142 Vogelarten, wovon in etwa zehn endemisch sind, wie z.B. die Palau-Eule, die Palau-Boden-Taube oder der Palaufächerschwanz und zwei endemische Fledermausarten leben hier. Von den ca. 820 Pflanzenarten sind sogar mehr als 160 endemisch.

Seit dem 29. Juni 2012 hat dies alles auch die UNESCO erkannt und erklärte die südliche Lagune (in der sich die meisten Inseln mit den marinen Seen befinden) zum Weltnatur- und Weltkulturerbe.

„Die südliche Lagune ist ein hervorragendes Beispiel dafür, wie sich die marinen Ökosysteme und Gemeinschaften entwickeln können", sagte Tim Badman, Direktor des IUCN-World Heritage Programms zur Begründung des UNESCO Komitees (IUCN = International Union for Conservation of Nature). Die marinen Seen seien natürliche Laboratorien, in denen auch in Zukunft neue Arten entdeckt und erforscht werden würden. Für Urlauber bieten die Rock Islands die Möglichkeit, Natur nicht nur zu beobachten, sondern hautnah zu erleben. Mit der Sauerstoffflasche auf dem Rücken als Taucher oder Steuermann in einem Kajak. Oder als staunender Badegast in einem weiteren, merkwürdigen Bereich der Lagune: Dem „Milky Way". Dieser wie ein Flussarm leicht gebogene Abschnitt ist angefüllt von sehr fein zermahlenem Kalkschlamm, der das teilweise nur knietiefe Wasser milchig-weiß verfärbt. Speziell Asiaten erhoffen sich durch äußerliche Anwendung Linderung bei allerlei Allergien, Ekzemen, Neurodermitis und ähnlichen Erkrankungen. Wer das lieber nicht an sich selbst ausprobieren möchte, erfreut sich zumindest an den vielen, am ganzen Körper weiß eingekalkten Badegästen...

Artefakte lassen übrigens auf eine menschliche Besiedlung der Pilzköpfe in grauer Vorzeit schließen. Wann genau das war, liegt ebenso wie vieles andere in der palauischen Geschichte im Dunkeln. Einheimische Ranger und Forscher, die die Genehmigung haben, einige der teilweise winzigen Inselchen zu betreten, beschreiben einen Aufenthalt auf den Pilzköpfen als ausgesprochen unangenehm, die Flanken der Felsen sind steil und spitz, der Dschungel nahezu undurchdringlich, die Luft noch heißer und feuchter als es ohnehin schon in Palau der Fall ist. Es ist wohl etwas anderes, sie aus der Nähe zu bewundern, als auf ihnen zu leben.

Die Autoren im Schlammbad

Bilder aus dem Jellyfish Lake

Rock Islands aus der Luft, The Arch, Milky Way

Peleliu

Peleliu ist eine der südlichsten Inseln des Inselstaates rund 40 km südwestlich von Koror gelegen, sie umfasst eine Fläche von 13 km². Peleliu besteht aus Korallenkalkstein und ist von Mangroven, weißen Sandstränden und einem Barriereriff umgeben. Rund 470 Menschen leben auf Peleliu, hauptsächlich im Hauptort Kloulklubed.

Im Zweiten Weltkrieg war die Insel Schauplatz dramatischer Schlachten zwischen der kaiserlich-japanischen Armee und den US-Streitkräften.

Die unter dem Codenamen „Operation Stalemate II" bekannte Schlacht war von den Amerikanern für wenige Tage angesetzt, dauerte aber mehr als zwei Monate und führte auf beiden Seiten zu hohen Verlusten.

Unter erfahrenen Tauchern gilt Peleliu als Insider-Tipp. Die exponierte Lage sowie die extrem starken Strömungen, die an den Steilwänden herrschen, besonders an Spots wie Peleliu Corner, führen zu einem hohen Aufkommen an Großfischen. Die Tauchgründe sind wirklich nicht für Anfänger geeignet!

Der Supertaifun Bopha, der im November 2012 über Palau hinweggefegt ist, hat auf Peleliu und Angaur schwere Schäden hinterlassen.

Auf Peleliu gibt es ein paar einfache Unterkünfte, die alle im Norden in dem kleinen Dorf Kloulklubed angesiedelt sind. Insgesamt ist die touristische Infrastruktur aber noch recht dürftig. Restaurants gibt es so gut wie keine, weshalb sich die Buchung von Vollpension empfiehlt. Außerdem hört man immer wieder von Besuchern, dass sie sich auf der Insel Bisse von Sandflöhen eingehandelt haben. Hier ist ein entsprechender Insektenschutz also unabdingbar.

Die Anreise nach Peleliu erfolgt entweder mit der Fähre ab Koror oder mit der regelmäßigen Flugverbindung innerhalb Palaus, die von Pacific Mission Aviation angeboten wird.

Orange Beach

Auf den ersten Blick erscheint der flache, lange Sandstrand im Südwesten der Insel wie ein ganz normaler Uferbereich. Tatsächlich ist er ein Ort von historischer Bedeutung.

Am 15. September 1944 landeten hier die ersten US-Invasionstruppen während des Zweiten Weltkriegs, was den Beginn der Schlacht um Peleliu markierte. Heute genießt man das klare Wasser zum Schnorcheln oder Tauchen, den weichen Sand für Picknicks und zur Erholung. Bis die Augen am anderen Ende der Bucht an einer rostigen, Bunkerähnlichen Kugel hängenbleiben. Oder eine Gruppe Japaner oder US-Amerikaner auftaucht, deren

Mitglieder melancholisch auf das Meer schauen und vielleicht sogar eine Muschel, etwas Sand oder einen Stein als Andenken einstecken.

Denn am 15. September 1944 landeten an diesem Strand amerikanische Truppen, im Visier die Eroberung der schmalen Landebahn auf der Insel. In den darauf folgenden Tagen spielte sich auf Peleliu eine der blutigsten Schlachten des Zweiten Weltkrieges in der Südsee ab, fast 14.000 Menschen verloren hier ihr Leben.

Auf dem Weg zum Strand liegen links des Weges die Reste eines japanischen „Zero"-Jagdflugzeuges, auf der rechten Seite vor dem Strand befindet sich die Gedenkstätte der 81. Infanteriedivision.

Museum des 2. Weltkrieges

Es gab ein Museum, das in einem ehemaligen Munitionslager untergebracht war und Exponate des Zweiten Weltkrieges ausstellte. Wie zum Beispiel Helme, Tagebuchnotizen, Waffen, Patronenhülsen und persönliche Gegenstände.

Fotos ergänzten die Sammlung und zeigten, wie Peleliu nach dem wochenlangen Dauerbeschuss ausgesehen hat. Mittlerweile hat sich herausgestellt, dass das alte Gebäude als unsicher eingestuft werden muss und deswegen dauerhaft geschlossen wurde.

Als Provisorium dient nun ein renovierter, klimatisierter Raum,

der nur für bestimmte Zeit die ergreifende und tragische Geschichte der Schlachten um Peleliu präsentiert.

Das Peleliu WWII Memorial Museum wurde offiziell am Sonntag, den 15. September 2024, anlässlich des 80. Jahrestages der Schlacht, eröffnet. Die derzeitige Struktur wird bis zum Bau eines permanenten Museums so erhalten bleiben.

Die Ausstellung zeigt nun auch eine Hommage an den australischen Kriegsberichterstatter Damien Parer, der am 17. September 1944 bei den Aufnahmen der Schlacht getötet wurde. Die Exponate des Museums schildern anschaulich die Ereignisse der Schlachten um Peleliu und bieten den Besuchern einen hautnahen Einblick in ein entscheidendes und schmerzliches Kapitel der Geschichte. Es erinnert eindringlich an die menschlichen Kosten des Krieges und an den bleibenden Wert des Friedens.

Für die kaiserlich-japanischen Truppen waren die Kämpfe auf und vor Peleliu ein taktisches Versuchsfeld mit dramatischen Folgen für den Fortgang des Krieges im Pazifik. Denn die Soldaten der aufgehenden Sonne verschanzten sich zum ersten Mal tief im Gelände, in Höhlen und Gruben, zusammen mit viel Munition, Verpflegung und Verbandsmaterial, statt mit gezogenem Säbel den US-Truppen frontal entgegenzutreten. Diese taktische Variante kostete mehr Menschen das Leben und verlängerte einzelne Waffengänge und damit den Krieg insgesamt um ein Vielfaches.

Auf Seiten der lokalen Bevölkerung gab es so gut wie keine Toten zu beklagen, die Japaner hatten sie vor dem Angriff größtenteils nach Babeldaob evakuieren lassen.

Freilichtmuseum & Wanderweg

Die meisten, auch die durchaus gefährlichen, der Hinterlassenschaften aus dem Zweiten Weltkrieg, kann man unter freiem Himmel begutachten. Immer wieder trifft man auf vor sich hin rostende Panzer, Wrackteile abgestürzter Flugzeuge – und leider auch immer wieder auf noch scharfe und lebensgefährlichen Minen, Granaten und andere Munitionstypen! Deswegen sollte man auf keinen Fall ohne kundige Führung die gekennzeichneten Wege verlassen und hier auf eigene Faust die Insel erkunden wollen.

Seit einigen Jahren kümmert sich eine gemeinnützige Organisation, Cleared Ground Demining (CGD), darum, die Insel von explosiven Kriegsrückständen (Explosive Remnants of War = ERW) zu beseitigen.

Seit September 2009 ist CGD in der Republik Palau tätig und hat bis 2011 insgesamt 8.496 ERW-Objekte entfernt und zerstört. Im ersten Schritt lag der Fokus auf der Säuberung von Schulen und öffentlichen Gebäuden.

Mittlerweile wurden die Räumungsaktivitäten auf landwirtschaftliche Nutzflächen, sowie die bekannten Schlachtfelder ausgedehnt. Mit Hilfe von Umfragen versucht man die unmittelbare Gefahr durch ERW für lokale Gemeinschaften und Touristen zu identifizieren und zu reduzieren.

Zu einem der größeren Projekte der Organisation gehört die Säuberung eines „Wander- und Lehrpfades" durch die Hügel des Bloody Nose Ridge, dem höchsten Berg der Insel, in dessen Wald noch etliche Munitionsreste zu finden sind. Weitere Informationen zu dem Projekt von Cleared Ground Demining in Palau gibt es unter www.clearedground.org

Präsident Remeliiks Grab

Der erste Präsident von Palau, Haruo Ignacio Remeliik, stammte von Peleliu, und wurde am 30. Juni 1985 ermordet. Die Hintergründe der Tat wurden nie aufgeklärt. Seine Grabstätte ist am nördlichen Rand des Dorfes Kloulklubed zu finden. Neben ihm befindet sich die Grabstätte des ersten Justizministers von Palaus, Mamoru Nakamura.

1.000 Man Cave (1.000 Männer Höhle)

Das Höhlensystem diente den japanischen Truppen im Zweiten Weltkrieg als Schutz und Unterkunft. Die 1.000-Mann-Höhle ist das größte dieser Systeme und umfasst etwa 284 Meter Tunnel mit 34 Räumen, darunter ein kleines Krankenhaus und ein Schrein. Altes Geschirr, Flaschen, Schuhsohlen und leere Munitionshülsen ergänzen die düstere Szene und vermitteln einen vagen Eindruck, unter welchen Strapazen und Entbehrungen die Soldaten hier seinerzeit ihr Leben verteidigt haben.

Die 1.000-Mann-Höhle befindet sich ebenfalls in der Nähe des Dorfes Klouklubed und ist ein beliebtes Ziel der Besucher, insbesondere der an Geschichte interessierten. Es empfiehlt sich, die Höhle mit einem lokalen Führer zu erkunden, um die historischen Zusammenhänge besser zu verstehen und Sicherheitsrisiken zu minimieren. Es ist bestimmt kein Fehler, eine Taschenlampe dabei zu haben, um Kakerlaken und anderes Getier rechtzeitig zu erkennen. Auf Peleliu ist, wie fast überall auf der Welt, gesunder Menschenverstand ein guter Begleiter. Hier versteht es sich von selbst, nichts vom Boden aufzuheben oder gar mitzunehmen!

Die Gräber von Präsident Remeliik & Justizchef Nakamura

Überall trifft man auf Überreste des Zweiten Weltkrieges

Angaur

Die kleine, etwa fünf Kilometer lange Insel Angaur liegt zehn km südwestlich von Peleliu und ist der südlichste Regierungsbezirk der Hauptinseln des Palau-Archipels. Der acht km² großen Insel fehlt ein vorgelagertes, schützendes Korallenriff, weswegen die Brandung hier sehr stark ist und für einen dramatischen Landschaftsanblick sorgt. Angaur ist relativ flach, die höchste Erhebung liegt bei 40 Metern.

Vom 17. September bis zum 22. Oktober 1944 war Angaur Schauplatz einer Schlacht zwischen Amerikanern und Japanern, die zur im größeren Rahmen durchgeführten „Operation Forager" (Juni bis November 1944) gehörte. Jahrhundertelang war Angaur von Vögeln besiedelt, deren Ausscheidungen sich zu Phosphat umwandelten. Die Deutschen begannen im Rahmen ihrer Kolonialisierung mit der Förderung des Phosphats, die Japaner setzten den Abbau fort. Heute sind die Phosphatvorkommen auf der Insel fast vollständig erschöpft.

Wer die relativ weite Anreise nach Angaur (64 Kilometer von Koror entfernt, ca. zwei Stunden mit dem Boot) auf sich nehmen möchte, sollte dies mit einigem Vorlauf tun. Als reguläres Ausflugsziel wird die Insel von Koror aus nicht angesteuert. Das liegt zum einen an den hohen, zusätzlichen Benzinkosten, die durch die Bootstour entstehen, zum anderen an den insgesamt wenigen Sehenswürdigkeiten, die man auf Angaur besuchen kann.

Derzeit gibt es keine Übernachtungsmöglichkeiten auf der Insel. Allerdings verfügt Angaur über einen Landeplatz für kleinere Flugzeuge.

Angaur ist die einzige Insel in Palau, auf der verwilderte Affen leben, die während der deutschen Kolonialzeit hier ihren Weg in die Freiheit fanden und sich seitdem rasant vermehren.

Angaur trägt deshalb auch den Spitznamen „Monkey Island" (Affeninsel).

Phosphatminen

Die Minen befanden sich an der Ostküste der Insel. Das Phosphat wurde auf der Insel aufbereitet und dann auf Schiffe verladen, die im Hafen an der Westseite der Insel ankerten. Die Überreste der Förderanlagen befinden sich nahe der Westküste. Sie wurden um 1950 herum stillgelegt und sind seitdem dem Verfall preisgegeben.

Auf der Westküstenseite liegen auch die kleinen Dörfer, die durch befahrbare Straßen verbunden sind.

Flugzeugfriedhof

An der Nordostseite der Insel befindet sich ein Flugzeugfriedhof mit verstreuten Flugzeugteilen aus dem Zweiten Weltkrieg. Wer sich gut mit Flugzeugen auskennt, entdeckt in den Trümmerteilen zwischen der Vegetation eine relativ intakte F4U Corsair, Teile von B-24 Bombern und eine C-47.

Am Nordwestpunkt der Insel der Insel steht eine Statue der Jungfrau Maria, die errichtet wurde, um Angaur vor den Gefahren der See zu schützen.

Flugzeugfriedhof, Angaur

Sonstige Inseln

Die hier nachgeführten Inseln sind nicht ohne größeren Aufwand zu besuchen und bieten kaum Infrastruktur.

Kayangel
Das kleine Atoll ist der nördlichste Bezirk des Archipels und besteht aus vier Inseln mit schönen Sandstränden. In Koror werden gelegentlich Tagesausflüge nach Kayangel angeboten. Wenn Sie dieses Angebot wahrnehmen wollen, erkundigen Sie sich vorher nach den Wetterverhältnissen, da die Bootsfahrt bei schlechtem Wetter sehr unruhig sein kann.

Sonsorol
Der Regierungsbezirk Sonsorol liegt ca. 300 Kilometer südwestlich von Angaur und ist Teil der so genannten Südwest-Inseln. Zu Sonsorol gehören die Inseln Fanna, Sonsorol, Pulo Anna und Merir. Über die letzteren vier Inseln verteilt leben 53 Menschen, Fanna ist nicht bewohnt.

Hatohobei
Hatohobei gehört ebenso wie Sonsorol zu den Südwest-Inseln und ist der südlichste Regierungsbezirk von Palau. Hierzu gehören die Insel Tobi und das unbewohnte Helen Riff. Die gesamte Landfläche beträgt nur 0,88 Quadratkilometer. Die Bevölkerungszahl sank von 80 Einwohnern im Jahr 1962 auf 23 im Jahr 2000. Bis 2020 stieg sie wieder auf 39 Einwohner an. Auf den Südwest-Inseln werden neben Palauisch und Englisch auch lokale Dialekte gesprochen.

Flora & Fauna

Palau liegt auf der westlichen Kante einer Biosphären-Region, die als „Coral Triangle" (Korallendreieck) bekannt ist. An diesem evolutionären Kreuzweg zwischen Indischem und Pazifischem Ozean befindet sich ein Schmelztiegel, der aus beiden Gebieten jeweils das Beste zu bieten hat. Die höchste Artenvielfalt von Fischen, Korallen, Schwämmen und Mollusken ist innerhalb dieses Dreiecks angesiedelt. In Palau gibt es mehr als 1.300 verschiedene Fischarten. Um das in Relation zu setzen, sollte man sich vor Augen führen, dass es in der gesamten Karibik nur fünf verschiedene Arten von Falterfischen gibt. Während eines einzigen Schnorchelausfluges in Palau ist es durchaus möglich, bis zu 25 verschiedene der insgesamt 36 hier beheimateten Arten von Falterfischen zu sehen! Die Artenvielfalt unter Wasser hat Palau auch den Spitznamen „Unterwasser-Serengeti des Planeten Erde" eingetragen.

Auch an Land setzt sich die Artenvielfalt fort. Bislang wurden mindestens zehn endemische Vogelarten für Palau bestimmt. Die Pflanzenwelt Palaus ist noch lange nicht vollständig erforscht. Regelmäßig finden Wissenschaftler und Botaniker neue Unterarten, ja sogar komplett neue Arten, die es zu erforschen und klassifizieren gilt. In Relation zur Größe der Landfläche hat Palau mehr Arten, als Wissenschaftler hier erwarten würden.

Vögel

Die Vogelwelt Palaus ist eine Mischung aus australisch-papuanischen Arten, asiatischen Vogelfamilien sowie natürlich einer breiten Palette von Seevögeln aller Art. Neben den etwa zehn endemischen Arten gibt es in Palau etwa 36 heimische Vogelarten, zu denen die mehrfarbige Fruchttaube, der Nationalvogel von Palau, und das auf Hügeln nistende Großfußhuhn (Megapod) sowie die anmutige weiße Seeschwalbe gehören. Aus den Wäldern hört man den eindringlichen Pfiff des endemischen Rohrsängers und das tiefe Brummen der Mikronesischen Taube. Doch es ist gar nicht erforderlich, sich auf die unbewohnten Inseln der Rock Islands zu begeben, um einige der endemischen Vogelarten zu beobachten. Schon in Koror sieht man viele der einheimischen und nur hier vorkommenden Arten. Auf Ulong Island ist es nahezu garantiert, dass man die endemische indopazifische Erdtaube sowie die Großfußhühner zu Gesicht bekommt. Schwieriger hingegen ist es, die Palauische Eule zu finden. Hierfür muss man nachts unterwegs sein und idealerweise mit einem Aufzeichnungsgerät ausgerüstet sein. Sie reagieren sofort auf Rufe ihrer eigenen Gattung und das ist die beste Möglichkeit, einen der sonst sehr scheuen Vögel zu sehen. Die Eulen bevorzugen die ruhigen Lagunen der Rock Islands als Lebensraum. Während der Ausflüge in die Rock Islands sieht man häufig

Palau hat eine große Artenvielfalt und viele endemische Vögel

wunderschöne Exemplare aus der Familie der Eisvögel. Wer mehr über die Vogelvielfalt Palaus erfahren möchte, sollte sich die App „iBird Hawaii and Palau Guide" auf das Smartphone laden.

Fledermäuse

Von besonderer Bedeutung in Kultur und Küche der Palauer ist die Fruchtfledermaus (lokaler Name „Olik el Charm"). Sie ist überall dort anzutreffen, wo dichter Wald ihr ein Zuhause bietet. Sie lebt normalerweise in den oberen Zweigen der Bäume und ernährt sich von wilden Früchten, Blumen und Nektar. Die palauische Fruchtfledermaus ist eine endemische Unterart, die sich von den Fruchtfledermäusen wie sie auf Guam oder Yap vorkommen, unterscheidet. Wie für Fledermäuse üblich, erledigt sie nahezu alles kopfüber, wie zum Beispiel Essen, Schlafen oder die Geburt ihrer Jungen. Für den Wald spielt sie eine wichtige Rolle, unter anderem durch die Bestäubung von Blumen, die auf Bäumen leben und von denen die Tiere sich ernähren. Durch die Verdauung werden Samen von Pflanzen an neuen Orten ausgebracht und helfen bei der Wiederaufforstung zum Beispiel nach einem Waldbrand.
In den 1970-er und 1980-er Jahren wurden viele Fruchtfledermäuse nach Guam exportiert, dadurch standen die Tiere kurz vor dem Aussterben. Seit 1994 ist es jedoch illegal, die Fledermäuse zu exportieren, wodurch sich der Bestand leicht erholte. Die größte Bedrohung stammt daher von der Jagd auf die Tiere durch die lokale Bevölkerung, für die sie als Delikatesse angesehen wird. Insbesondere palauische Frauen in der Schwangerschaft schwören auf die kräftigende Wirkung der Fruchtfledermaus-Suppe. Wenn man als Tourist die Spezialität in einem der Restaurants in Koror bestellt, muss man schon ziemlich gute Nerven haben, ist doch die Präsentation des Tieres, das einem mit „Haut und Haar" aus dem Topf entgegen grinst – mit dem Kochen zieht sich die Haut zusammen – nichts für empfindliche Gemüter. Das Fleisch selber soll ähnlich wie Hühnchenfleisch schmecken, wobei sich dann allerdings die Frage stellt, warum man ein Tier essen muss, das vom Aussterben bedroht ist. Eine weitere, potentielle Bedrohung ist die Teerstraße auf Babeldaob, die als Basis für eine urbane Entwicklung auf der größten Insel gedacht war. Und in der Tat melden Investoren aus Taiwan Interesse an, hier große Ferienanlagen und Resorts zu errichten. Die Fruchtfledermäuse brauchen zum Überleben jedoch große unberührte Waldflächen, die durch den Ausbau der Infrastruktur verkleinert würden.

Meeresbewohner

Neben den 1.300 Fischarten, die man in Palau beim Schnorcheln oder Tauchen beobachten kann, gibt es auch interessante Säugetiere und Reptilien. Nicht allen von ihnen möchte man unbedingt begegnen…

Seekühe/Dugongs

Palau ist die einzige mikronesische Gegend, in der Dugongs

(Dugong dugong) vorkommen. Auch wenn die kleine und isolierte Population unter Schutz steht, werden die scheuen Tiere immer noch ihres Fleisches wegen gejagt und getötet. Man nimmt an, dass hier nur noch wenige hundert Exemplare existieren. Das Etpison Museum in Koror engagiert sich stark für einen besseren Schutz der Tiere, im Laden des Museums kann man ein Buch mit Fotografien der Tiere erwerben.

Wale

In den Gewässern von Palau wurden bislang 40 verschiedene Walarten gesichtet, darunter Pottwale (Physeter catodon), die auch als Spinnerdelfine bekannten Ostpazifischen Delfine (Stenella longirostris) und Breitschnabeldelfine (Peponocephala electra). Bei den Bootsfahrten zwischen den Tauchplätzen am Außenriff sieht man des Öfteren große Schulen von Spinnerdelfinen, die auf der Bugwelle des Bootes reiten.

Mantarochen

Der sich ausschließlich von Plankton ernährende Mantarochen (Mobulinae) kommt unter Wasser auf Spitzengeschwindigkeiten von bis zu zölf km/h. Am Tauchplatz „German Channel" gibt es zwei Putzerstationen, die regelmäßig von Mantas aufgesucht werden. Hier ist die Chance am höchsten, die eleganten und anmutigen Tiere unter Wasser beobachten zu können. Inzwischen entdeckten Meeresbiologen einen weiteren, spektakulären Ort, wo man die großen Tiere zu Dutzenden beim Fressen beobachten kann: Man nennt ihn „Devilfish City".

Napoleonlippfisch

Der in der lokalen Bevölkerung unter dem Namen „Maml" bekannte Fisch ist groß, schön, spektakulär und spielt eine wichtige Rolle in der Riff-Ökologie. In vielen Teilen der Welt ist er bereits komplett durch Überfischung ausgelöscht worden und wird international als bedrohte Art eingestuft.
Der Chelinus undulatus, wie die korrekte biologische Bezeichnung lautet, hat ein langes Leben, er wird bis zu 30 Jahre alt. Er wird immer als weiblicher Fisch geboren, einige der größeren Exemplare wechseln später das Geschlecht und werden zu Männchen. Ein junger Napoleonfisch benötigt fünf Jahre, um ausgewachsen zu sein. Dann erreicht er eine Größe von bis zu zwei Metern und wiegt bis zu 127 kg.

Seitenstreifen-Fahnenbarsch

(Pseudanthias pleurotaenia) Diesen Fisch aus der Familie der Fahnenbarsche sieht man andernorts im Pazifik normalerweise ab einer Tiefe von etwa 30 Metern. In Palau bevölkert der bis zu 20 Zentimeter lange Riffbewohner, deren Weibchen bei einem Mangel an männlichen Partnern in der Lage sind, ihr Geschlecht zu wechseln, bereits Zonen in einer Tiefe von 14 Metern. Nur die männlichen Tiere haben das auffällige pinkfarbene Quadrat auf der Seite, die Weibchen sind komplett orange.

Meeresschildkröten

Die häufigste Gattung der Meeresschildkröten, der man in Palau begegnet, ist die Echte Karettschildkröte (Eretmochelys imbricata). Die Hornplatten des Panzers sind überlappend und als echtes Schildpatt die wertvollste Form für Schmuck und Kunstgewerbe. Allerdings stehen die vom Aussterben bedrohten Tiere unter dem Schutz des Washingtoner Artenschutzabkommens, die Einfuhr von Schildpatt-Produkten in die EU ist verboten. Zu den weiteren, heimischen Meeresschildkrötenarten in Palau zählen die Grüne Meeresschildkröte (Chelonia mydas), die Lederschildkröte (Dermochelys coriacea), die Unechte Karettschildkröte (Caretta caretta) sowie die Oliv-Bastardschildkröte (Lepidochelys olivacea).

Salzwasserkrokodile

Das Salzwasser- oder Leistenkrokodil (Crocodylus porosus) ist das größte heute lebende Krokodil. Der eigentliche Lebensraum dieser Krokodilart ist in Flussmündungen und Mangrovensümpfen. Das letzte tödliche Zusammentreffen mit einem Palauer wurde 1965 verzeichnet, was zur heftigen Jagd bis 1980 auf die Tiere führte. Glücklicherweise gab es bislang jedoch keine Krokodilangriffe auf Touristen beim Schnorcheln oder Tauchen.

Haie

Es war ein Ereignis, das selbst die heimische Bevölkerung in Erstaunen versetzte, da vorher nichts nach außen gedrungen war: Am 25. September 2009 erklärte der damalige Präsident, Johnson Toribiong, in seiner Rede vor den Vereinten Nationen die Gewässer der Ausschließlichen Wirtschaftszone (AWZ) von Palau mit einer Fläche von 620.000 Quadratkilometern zur weltweit ersten, offiziell anerkannten Haischutzzone. Und auch wenn die Umsetzung des Schutzgebietes schwierig ist – Palau hat nur ein Patrouillenboot – das Ergebnis ist seitdem deutlich sichtbar. Mehr und vor allem unverletzte Haie sorgen für gesunde Riffe mit einer ausgewogenen Artenvielfalt. Die Haie Palaus sind passiv, an Taucher gewöhnt und reagieren eher ausweichend als neugierig oder gar aggressiv, wenn man sich ihnen unter Wasser nähern will, um bessere Fotos zu machen. Unter anderem sind diese Haiarten in Palau zu Hause:

Grauer Riffhai

(Carcharhinus amblyrhynchos) – Diesen Hai trifft man häufig in den Gewässern Palaus, er kann an sehr vielen Tauchplätzen des Archipels beobachtet werden. Der Graue Riffhai wird bis zu 2,6 m lang und 33 kg schwer. Zu den herausragenden Merkmalen zählen große Augen, eine lange flache Schnauze und eine graue bis weiße Färbung mit einem ausgeprägten breiten schwarzen Rand am Ende der Schwanzflosse. Im Allgemeinen sind diese Haie an den Außenwänden des Palauischen Barriereriffs zu finden, größere Ansammlungen sieht man in Bereichen von Aufwärtsströmungen und in stärkeren Strömungen.

Es ist nicht ungewöhnlich, sowohl Einzelgänger als auch Schulen mit Dutzenden von Tieren anzutreffen. Der graue Riffhai ernährt sich von Rifffischen, Kopffüßlern, Krebstieren und sogar knochigen Fischen. In erster Linie sind diese Haie Nachtjäger.

Weißspitzen-Riffhai

(Triaenodon obesus) – Wie der Graue Riffhai ist der Weißspitzen-Riffhai häufig an den vielen Tauchplätzen Palaus anzutreffen. Dieser Fisch erreicht eine maximale Länge von ca. 2 m, auch wenn Tiere dieser Größe selten sind. Häufiger trifft man auf Haie mit einer Länge von ca.1,6 m. Herausragendes Merkmal ist eine relativ schlanke Form mit einem breiten flachen Kopf. Seine ovalen, prominent horizontal am Stirnrücken gelegenen Augen lassen diesen Hai ständig „unglücklich" aussehen. Weißspitzen-Riffhaie sind dunkelgrau bis bräunlich mit leuchtend weißen Spitzen an Rücken- und Schwanzflossen. Es können dunkle Flecken, verteilt über den ganzen Körper, vorkommen. Im Allgemeinen trifft man diesen Hai auf dem Dach des Barriereriffs an. Man kann den nachtaktiven Jäger während eines Tauchganges reglos am Boden liegen sehen. Der Weißspitzen-Riffhai ist spezialisiert auf bodennahe Nahrung der Riffe. Er ernährt sich in erster Linie von Kraken, Hummern, Krabben und Knochenfischen. Dieser Hai treibt seine Beute absichtlich in kleine Ritzen und presst sich dann mit seinem Schädel hinein. Dies ist der Hauptgrund für seine harte Haut, den abgeflachten Kopf und den breiten Stirnrücken. Manchmal sieht man diesen Hai tagsüber in Jagdverbänden mit Grauen Riffhaien und Makrelen.

Schwarzspitzen-Riffhai

(Carcharhinus melanopterus) – Der Schwarzspitzen-Riffhai ist, zusammen mit dem Grauen Riffhai und dem Weißspitzen-Riffhai, ein weiterer, häufig anzutreffender Fisch in den Gewässern Palaus. Er ist ein mittelgroßer Hai mit einer durchschnittlichen Länge von 90 cm – 1,2 m. Zu seinen Besonderheiten gehören eine raue, gerundete Schnauze und ovale Augen. Der Schwarzspitzen-Riffhai hat eine bräunlich-beige, in weiß übergehende Färbung, mit scharf abgegrenzten schwarzen Flossenspitzen. Schwarzspitzen-Riffhaie haben einen dünnen schwarzen Streifen, der sich von der Afterflosse bis in den Bereich zwischen erster Rücken- und Bauchflosse erstreckt. Dieser Hai bevorzugt die flacheren klaren Gewässern entlang der Flanken des Riffs, ausgewachsene Tiere trifft man oft in der Nähe von Drop-Offs. Schwarzspitzen-Riffhaie ernähren sich von kleinen Fischen und wirbellosen Tieren wie Tintenfische und Garnelen, und sind durch ihre unverwechselbare Flossenfärbung ein großartiges Fotomotiv!

Weißspitzen-Hochseehai

(Carcharhinus longimanus) – Wie der Name schon sagt, ist der ozeanische Weißspitzen-Hochseehai ein weit wandernder, uferfern lebender Hai, der

Seitenstreifen-Fahnenbarsch (Pseudanthias pleurotaenia)

Napoleon-Lippfisch (Cheilinus undulatus)

Dugong

Salzwasserkrokodil (Crocodylus porosus)

Meeresschildkröte

Soldatenfisch (Myripristinae)

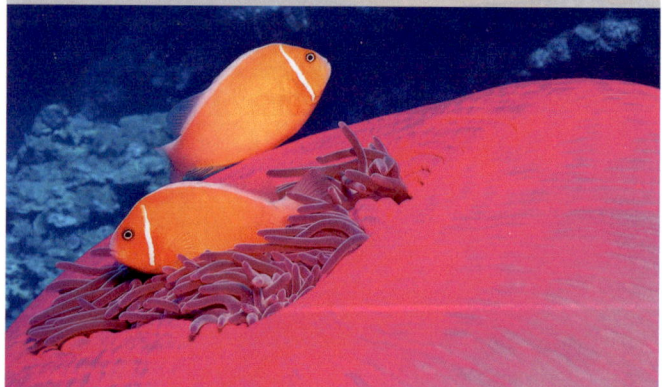

Anemonenfische (Amphiprion)

Blaustreifen-Schnapper (Lutjanus kasmira)

Federstern auf Gorgonie

Seestern

Zweipunkt-Schnapper (Lutjanus biguttatus)

in allen Ozeanen mit tropischen bis gemäßigten Zonen zu finden ist. Er erreicht Längen um 3,5-4 m und ein Gewicht von mehr als 140 kg. Seine herausragenden Merkmale sind eine runde, kurze Schnauze und kleine runde Augen, die durch eine Nickhaut geschützt sind. Dieser stämmige Hai hat eine sehr große runde erste Rückenflosse und große, längliche Brustflossen. Weißspitzen-Hochseehaie haben eine gräulich-bronzene Färbung, die allmählich in weiß übergeht. Gut erkennbar sind die scharf abgegrenzten weißen Spitzen der Rücken-, Brust-, und Bauchflossen. Als weiter Wanderer ist dieser Hai ein starker Jäger und ausgesprochen anpassungsfähig. Hauptsächlich ernährt er sich von Thunfisch, Makrele, Marlin, Delphinen, Barrakuda und Barsch, es wurde aber auch schon beobachtet, dass er tote Säugetiere und sogar auf See entsorgten Müll frisst. Ein ungewöhnliches Verhalten dieses Hais dokumentiert sich in seiner Beziehung zu Pilotwalen. Weißspitzen-Hochseehaie werden oft in der unmittelbaren Nähe von Schulen dieser Wale gesehen. Auch wenn man das nicht genau weiß, so scheint dies mit der Spezialisierung dieser Wale auf das Aufspüren von Tintenfischen zusammenzuhängen. Der Weißspitzen-Hochseehai wird am häufigsten vor der Küste im tiefen Wasser gefunden, manchmal aber auch näher an der Küste. Auch wenn Beobachtungen in Palau nicht alltäglich sind, so tauchen sie ziemlich regelmäßig an bestimmten Tauchplätze rund um Palau auf.

Tigerhai

(Galeocerdo Cuvier) – Der Tigerhai ist der größte Jäger in den Gewässern um Palau. Mit einer durchaus üblichen Länge von 3,5-5 m und einem Gewicht von 400-700 kg zählt der Tigerhai zu den größten Vertretern seiner Art. Die mächtigsten dieser Tiere erreichen über 5,5 m Länge und wiegen mehr als 900 kg. Herausragende Merkmale sind ein sehr robuster Kopf, stumpfe Schnauze, große Augen und die fleckige Färbung, die ihm seinen Namen gibt. Tigerhaie sind bläulich-grün bis dunkelgrau, blass bis gelblich weiß mit schwarzen Flecken und dunklen vertikalen Balken, die sich über die ganze Länge des Körpers hinziehen. Diese Flecken und Balken sind am deutlichsten auf jüngeren Haien zu sehen und verblassen allmählich mit zunehmendem Alter. Diese Tiere sind eine weit verbreitete Art und bevorzugen trübes Wasser in den Küstengebieten, oft in der Nähe von Häfen, Flussmündungen und Zulaufbereichen. Tigerhaie leben auch in seichten Lagunen, in der Nähe der Drop-Offs vor größeren Inseln. Dieses wandernde Tier reist während der warmen Sommermonate lange Strecken in gemäßigte Gewässer, um in kälteren Zeiten in die Tropen zurückzukehren. Oft als „Müllabfuhr der Meere" bezeichnet, ist der Tigerhai ein wahrer Allesfresser. Viele Exemplare wurden mit ungewöhnlichem Mageninhalt, wie z.B. Nummernschildern oder Konserven, gefangen. Ihre natürliche Beute variiert nach der geographischen Lage, in der sie sich befinden. Bevorzugte Beute sind Meeresschildkröten, andere Haie, Rochen, Knochenfische, Krebstiere, Aas und Seevögel. Tigerhaie sind begehrte Motive aller Fotografen auf der ganzen Welt. Begegnungen mit diesem mächtigen, starken und schönen Hai sind in Palau eher selten.

Walhai

(Rhincodon typus) – Der Walhai ist der größte Fisch der Welt und wird oft bis zu 20 m lang. Er ist eine der pelagischen (ufernfern, im Freiwasser lebend) Arten, die in allen tropischen und gemäßigten Meeren der Welt vorkommt. Es wird vermutet, dass Walhaie auf der Suche nach reicher Nahrung und wahrscheinlich auch beim Paarungsverhalten ganze Ozeane durchqueren können. Man findet sie dennoch auch häufig an Küsten, oft in der Nähe der Zugänge von Lagunen und Atollen. Diese Haie werden immer wieder entlang der wunderschönen Außenwände von Palau bei Tauchgängen gesichtet. Herausragende Merkmale sind ein gestraffter Körper mit einem großen flachen Kopf und riesigen Kieferplatten an der Spitze des Mauls. Walhaie sind graublau mit weißen Flecken zwischen blass horizontalen und vertikalen Streifen. Diese Farben verblassen zu weiß auf dem Bauch. Sie ernähren sich von einer Vielzahl planktonischer und nektonischer Beute, wie Fische und Krebstiere sowie Phytoplankton und Makroalgen. Die Ernährung des Walhais beruht auf der „Nutschen" (Büchnertrichter) Ernährungsmethode, wobei große Mengen Wasser erst in das Maul einströmen, dieses dann geschlossen wird und durch Pressen Nahrung und Wasser getrennt werden. Das Wasser strömt durch die Kiemen wieder aus. Rund um Palau kann es jederzeit zu einer Begegnung mit Walhaien kommen – auch wenn dies selten passiert.

Bogenstirn Hammerhai

(Sphyrna lewini) – Der Hammerhai gehört zu den außergewöhnlichsten Kreaturen der Unterwasserwelt. Er kann auf eine Länge von vier Metern heranwachsen und wiegt dann über 140 kg. Herausragendes Merkmal ist der seitlich erweiterte Kopf, der „Hammer" und das stark gewölbte Maul. Der Bogenschirm Hammerhai unterscheidet sich durch eine deutlich sichtbare Kerbe in der Mitte des „Hammers" und durch eine große erste Rückenflosse von seinen Artgenossen. Seine Färbung reicht von bräunlich-grau, über oliv bis blassgelb. Seine primäre Beute besteht aus einer Vielzahl von Fischen wie auch anderen Haien und Rochen. Tintenfisch, Garnelen und Krabben verschmäht er ebenfalls nicht. Hammerhaie leben tagsüber oft küstennah an den Übergängen zu tieferem Wasser und begeben sich abends zur Jagd in tiefere Gewässer. So sind sie nicht täglich zu sehen, tauchen jedoch regelmäßig an verschiedenen Tauchplätzen rund um Palau auf.

Seidenhai

(Carcharhinus falciformis) – Der Seidenhai erhielt seinen Namen von seiner glatten Haut. Er gehört in erster Linie zu den pelagische Arten, ist aber häufig in der Nähe der Kontinentalsockel und steilen Riffe zu finden, wo Nahrungsquellen reichlich vorhanden sind. Seidenhaie sind eine sehr aktive, schnelle Haiart, die die wärmeren Gewässer der tropischen-subtropischen Regionen bevorzugt und rund 3,3 m lang wird. Herausragende Merkmale sind der große schlanke Körper, runde, mäßig erweiterte Schnauze und eine geneigte erste Rückenflosse. Dieser Hai ist dunkelgrau mit einem bronze- bis weißlichen Farbton. Er gilt als guter Jäger und wird gemeinhin als „Netzfresser-Hai" bezeichnet, weil er häufig bei der Jagd in Thunfischnetze gerät. Zur bevorzugten Beute gehören Thunfisch, Meeräsche, Makrele, Muränen, andere Fische, Kopffüßler und Krebstiere. Rund um Palau trifft man eher selten auf den Seiden-

Grauer Riffhai

Mit Riffhaken in der Strömung gesichert

Weißspitzenriffhai

Steinkorallen in ungewöhnlichen Farben

hai, dieser schlanke, schöne Jäger wird oft mit anderen Vertretern seiner Art verwechselt!

Silberspitzenhai

(Carcharhinus albimarginatus) – Der Silberspitzenhai sieht aus wie der große Bruder des grauen Riffhais und lebt überall vor Palau. Er wird bis zu 3 m lang und 140 kg schwer. Herausragende Merkmale sind eine lange breite Schnauze und große runde Augen. Der schlanke Hai ist dunkelgrau mit einem Bronze-Glanz. Ein weißes Band ziert seine Flanke. Er erhielt seinen Namen von der gut sichtbaren weißen Spitze aller Flossen. Silberspitzenhaie befinden sich sowohl in der Nähe von Küsten und tiefen Kontinentalsockeln, als auch in der Umgebung von Sandbänken. Diese Haie werden oft vor den Steilhängen- und in großer Zahl am nördlichen Velasco Riff gesichtet. Zur primären Beute gehören Wahoo, Adlerrochen, Lipp- und Thunfisch. Sie jagen zudem Kraken und Tintenfische. Silberspitzenhaie werden oft fälschlicherweise für die kleineren grauen Riffhaie gehalten, also achten Sie auf die unterschiedlichen Rückenflossen, um diesen sehr aktiven und neugierigen Hai nicht zu verpassen.

Zebrahai

(Stegostoma varium) – In Palau nennt man diesen Hai auch Leopardenhai (nicht zu verwechseln mit Triakis semifasciata, der im Deutschen auch Zebrahai genannt wird, sein Fleckenmuster ist viel gröber). Der Zebrahai um Palau ist eine in den Tropen beheimatete Riffhaiart, die über Sand, Schutt und Korallen lebt. Der schwerfällige Fisch verbringt die meiste Zeit ruhend auf dem Grund und ist so ein dankbares Fotomodell. Zebrahaie erscheinen entlang des Rückens und der Flanken als eher kantig und werden bis zu 2,5 m lang. Herausragende Merkmale sind eine sehr kurze Schnauze mit flacher Nase und einer sehr langen Schwanzflosse, die Körperlänge erreichen kann. Zebrahaie sind gelblich-braun mit dunklen braunen Flecken die ins weiß verblassen, daher der Name. Er jagt Weichtiere, Knochenfische, Krabben und Garnelen, die er aus dem Sand saugt. Zebrahaie sind scheu und werden nur selten gesichtet.

Korallen

Riffkorallen, auch Blumentiere genannt. (lateinisch Alcyonacea), brauchen mindestens 20°C warmes, sauerstoff-, nährstoffreiches und klares Wasser mit ausreichend Salz und Licht. Hartkorallen bilden zum Schutz ihrer Weichteile Kalkskelette, die mit Hilfe einer Fußscheibe fest mit dem Meeresgrund verwachsen. Nach ihrem Tod gedeihen ihre Nachkommen auf den Kalkskeletten ihrer Ahnen weiter. So expandiert das Korallenriff über viele Jahrtausende. Es ist weithin bekannt, dass Korallen keine Pflanzen sind, sondern Hohltiere (Polypen). Palau bietet bis in eine Tiefe von 40 Metern ideale Bedingungen zur Riffbildung. Aber das ist nichts Besonderes. Einerseits wissen Taucher das alles längst, andererseits warten viele tropische und subtropische Küsten mit ähnlichen Konditionen auf. Interessanter ist die Art und Weise, wie Korallen zu ihren Farben kommen. Das liegt an den verschiedenen Algen, so genannten Zooxanthellen, die bei den Hohltieren zur Untermiete, in Symbiose also, leben. Sie versorgen die Polypen durch Fotosynthese mit Sauerstoff und zusätzlichen Nährstoffen – und färben diese durch ihren eigenen Stoffwechsel. Man kennt 2.500 Blumentier-Arten, die den Ordnungen Lederkorallen, Rindenkorallen, Blaukorallen und Seefedern angehören.

Kombiniert man diese mit im Meer lebensfähigen Algensorten, ergibt sich ein Farbenspektrum, das man aus allen Weltmeeren kennt. Was Palau betrifft, so leben hier endemische Zooxanthellen, ergo gibt es hier und nur hier durchaus bekannte Riffkorallen, aber in Farben, die sonst nirgendwo existieren.

Weichkorallen

Im Gegensatz zu ihren „harten" Verwandten, bilden Weichkorallen kein inneres Kalkskelett, sie formen stattdessen eine dicke Gewebeschicht, um sich zu schützen. Es gibt sie in vielen Farben und Formen, sie besiedeln im Meer auch gänzlich andere, tiefer liegende Stellen.

Pflanzen

Mangroven

Neben Korallenriffen und den tropischen Regenwäldern zählen Mangroven zu den produktivsten Ökosystemen der Erde.

In den Kronen des Mangrovenwaldes leben Reptilien und Säugetiere. Viele Wasservögel nutzen das reiche Nahrungsangebot und nisten in den Baumkronen. Das dichte Wurzelwerk der Mangroven bietet einer großen Zahl von Organismen auf engem Raum eine hohe Zahl kleinster Habitate. In Palau allerdings muss man damit rechnen, auf durchaus unfreundliche Gesellen zu treffen: Alligatoren, ein Überbleibsel der japanischen Besatzungszeit. Grund zur Sorge gibt es aber nicht: Die Tiere sind ausgesprochen menschenscheu.

Orchideen

In Palau wachsen mehr als 800 verschiedene, teils sehr seltene Arten von Pflanzen, darunter kostbare Orchideen. Auch diese Schönheiten verdankt der Pazifikstaat den Japanern, denn die brachten sie einst aus ihrer Heimat mit.

Bikkia palauensis

Diese zur Familie der Kaffeegewächse gehörende Pflanze findet man auf den Steilhängen der Rock Islands. Man riecht die Blume mit der trompetenförmigen Blume häufig, bevor man sie sieht. Ihr süßer Duft lockt kleine Insektenbestäuber wie die palauische stachellose Biene an.

Betelnuss (Areca catechu)

Es gibt einen Witz in Palau, der besagt, es sei ganz einfach, eine Betelnusspalme, auch Katechupalme oder Arekapalme genannt, zu identifizieren. Es sei nämlich der einzige Baum, auf den Palauer freiwillig klettern würden, irgendwo befände sich

Bikkia palauensis

auch Kautabak hinzugegeben. Man kann das übrigens gerne selbst einmal probieren, neben der zugegeben geringen Gefahr einer direkten Abhängigkeit, wird man vor allem zweierlei bemerken: Zum einen führt der Konsum von Betelnüssen zu vermehrtem Speichelfluss. Zum anderen zu einer so genannten „Alkalisierung". Diese Erhöhung des pH-Wertes führt zur Bildung von Phlobatanninen, welche den Speichel rot färben.

immer einer auf einem der schlanken, einstämmigen Fiederbäume.
Was die meist jungen Männer von der Palme ernten, sind die in Stauden zusammen hängenden Betelnüsse. Sie müssen unreif geerntet werden, um den erwünschten Effekt zu erzielen.

Denn werden die Nüsse zerkaut, erfolgt medizinisch beschrieben eine teilweise Hydrolyse, also eine Aufspaltung, von Arecolin zu Arecaidin. Als Produkte dieser Reaktion entstehen Alkohol und Salz. Und die wirken gegen Ermüdung und Hungergefühl, sorgen für einen leichten Rausch und Wohlbefinden.
Die Zubereitung ist einfach: Die aufgebrochenen Nüsse werden in mit gelöschtem Kalk bestrichene Blätter gerollt, welche nicht von der Betelpalme, sondern vom Betelpfeffer („Piper beetle") stammen. Der Kalk, meist aus Korallen gewonnen, dient als Verstärker, als Katalysator. Wegen des bitteren Geschmacks werden Gewürze wie Pfefferminze, Lakritze oder

Wer es also einmal versucht, wird, wie alle anderen der schätzungsweise 450 Millionen Kauer weltweit, ständig blutroten Speichel ausspucken müssen, egal wie unappetitlich das für Europäer aussehen mag. Und man macht sich auch keine Sorgen mehr um den einheimischen Tauchbegleiter, der selbst in 30 Meter Tiefe den Regler aus dem Mund nimmt, um eine feuerrote Fahne ins Meer zu blasen...

Betelnuss

Übersicht der Tauchplätze

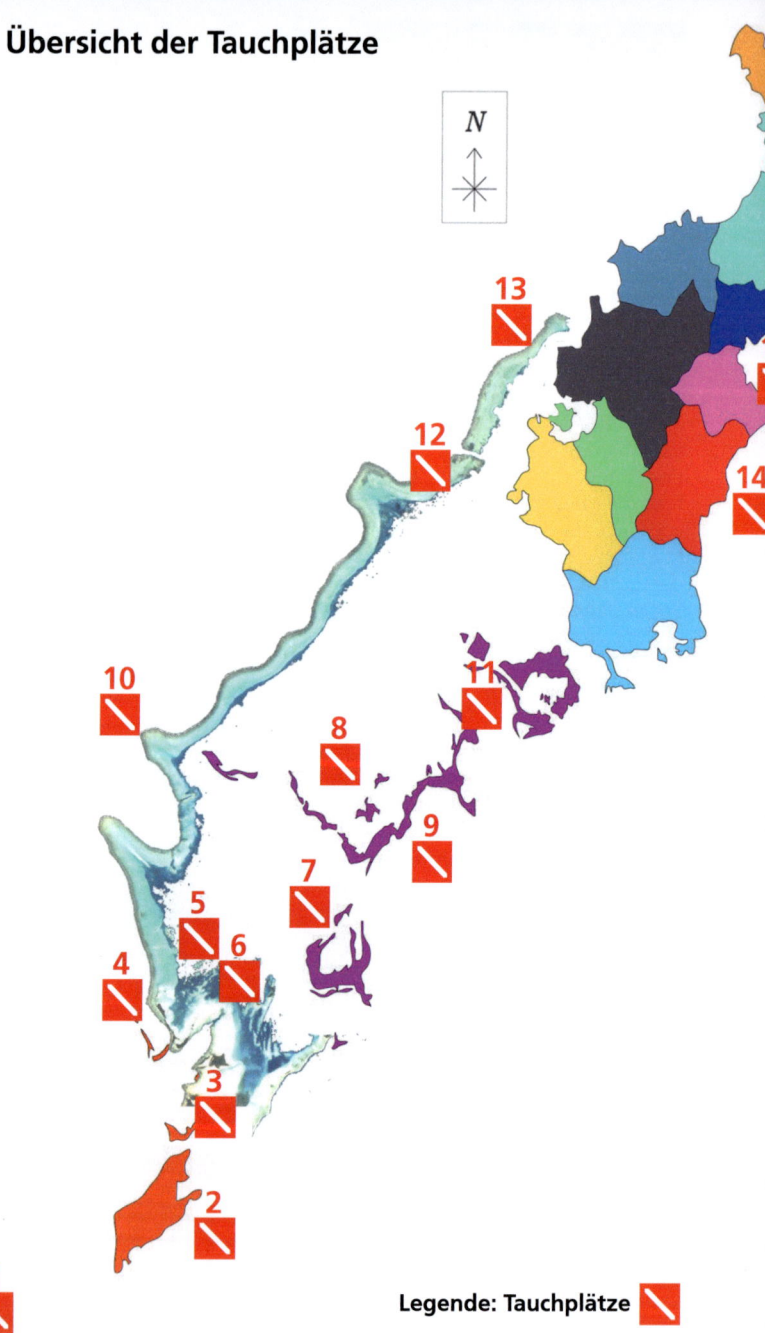

Legende: Tauchplätze

1 – Angaur
Airport Wall
Turtle Reef
Santa Maria Corner
USS Perry (Tec/Trimix)

2 – Peleliu
Stingray Point
Purple Beach Drop-Off
Yellow Wall
Peleliu Express
Peleliu Corner
Peleliu Cut
Peleliu Wall
South Dock
Ngedebus Wall
Orange Beach

3 – Ngercheu
Ngercheu Garden
Turtle Cove

4 – Ngemelis
German Wall
Ngemelis Wall
Barnum Wall
Big Drop-Off (Ngemelis Wall)
New Drop-Off
Ngemelis Coral Garden
Virgin Blue Hole
Blue Corner
Blue Holes

5 – German Channel
Mantarochen Putzer-station

6 – Ngerechong
Beluowar
Ngerechong North Coral Garden
Ngerechong Drop Off

7 – Macharchar
Clam City
Jellyfish Lake (nur zum Schnorcheln)
Lignite (Wrack)

8 – Ngeruktabel (Westseite)
Sata
Iro
Nagisan Maru
Kamikaze Maru
Bichu Maru
Soft Coral Arch (nur zum Schnorcheln)

9 – Ngeruktabel (Ostseite)
Japanese Zero II (nur zum Schnorcheln)

10 – Ulong
Ulong Channel
Siaes Corner
Siaes Tunnel

11 – Koror/Ulebsechel
Jake Seaplane (Ostseite)
Kaibaku Tunnel
Pillbox Channel
Japanese Zero
Buoy No.6 (Wreck)
Lighthouse Channel (Kesebekuu Channel)
Urakami Maru
Ryuko Maru
Chuyo Maru
Amatsu Maru
LST T1
Raizan Maru
Jake Seaplane & Cave (Westseite)
Teshio Maru
Chandelier Cave
Helmet Wreck

12 – West Channel
Kibi Maru
Wild West Coral Garden
Zerstörer Wakatake

13 – Babeldaob
Corsair Fighter
Devilfish City

14 – Ngchesar
Blue Sea Lake

15 – Ngiwal
Sunken Village

Aktivitäten in Palau

Palau ist ein Eldorado für Outdoorfans und Naturliebhaber. Während das Inselparadies ursprünglich ein „Geheimtipp" für Taucher war, hat sich Palau in den letzten Jahren einen hervorragenden Ruf als geschütztes Naturparadies erworben.

Dank erweiterter Angebote an Land, die die lokale Kultur aufgreifen, finden mittlerweile auch Nichttaucher umfangreiche Aktivitäten, durch die sich der Aufenthalt abwechslungsreich gestalten lässt.

Schnorcheln, Tauchen und Tauchplätze

Wenn Taucher und Schnorchler gemeinsam einen Urlaub in Palau planen, sollten sie wissen, dass man zumeist getrennte Wege geht. Für Schnorchler ist an den Tauchplätzen die Strömung zu stark und die Riffkanten beginnen oft erst ab einer Tiefe von 15-20 Metern. Für die Schnorcheltouren werden deshalb in der Regel separate Boote eingesetzt und mit Kajaktouren verbunden. Die dann angesteuerten Plätze sind flachere Lagunen, die Kinderstube der Rifffische. Im bis zur Oberfläche reichenden Seegras gibt es immer etwas zu entdecken. Und da man meist fernab der Tauchboote unterwegs ist, ist es ein echtes Robinson-Crusoe-Feeling!

Big Drop Off

Jacques Cousteau soll es als eine der besten Steilwände der Welt bezeichnet haben, der Fels fällt bis zu 400 Meter steil ab. Hier befindet sich eine der berühmtesten Wände Palaus, beladen mit vielen Weichkorallen, Gorgonien, Schwämmen, Anemonen und kleinen Rifffischen. Man sieht Schildkröten, die oft mit ihrem Schnabel in Felsenritzen hängend auf Nahrungssuche sind. Feilenfische, Korallenwächter und Fahnenbarsche tummeln sich im üppigen Bewuchs, während davor Schulen von Doktor-, Papageienund Kaiserfischen ihre Runden drehen. Man könnte endlos weitererzählen über die Vielfalt und Exotik maritimen Lebens, die man als Taucher in der sanften Strömung erleben darf. Bei maximaler Tauchtiefe von 30 Metern und an guten Tagen 50 Metern Sicht. Jeder kann an dieser sagenhaften Wand tauchen und jeder, vom Anfänger bis zum Profi, will es auch.

In Sichtweite Richtung Nordwesten liegt New Drop Off, ebenfalls eine wunderschöne Steilwand. Es folgen die Blue Holes, ein einfacher Tunnel-/ Höhlentauchgang und dann die „Göttin" unter den Tauchplätzen: Blue Corner. All diese taucherischen Höhepunkte liegen um die Insel Ngemelis herum – Eilande wie sie gibt es einige in den Rock Islands.

Wem selbst die manchmal harte Strömung bei Blue Corner zu weich ist, taucht an der Südspitze der Insel Peleliu den Peleliu Express: Nur etwas für Könner und Adrenalin-Junkies. Wer eher an rostigem Metall interessiert ist, wird in der inneren Lagune der Rock Islands fündig: Zwischen 1 und 30 Metern Tauchtiefe findet man Frachter und Flugzeuge, mit denen man sich tagelang beschäftigen kann. Große Mantas gleiten durch das nährstoffreiche Wasser des German Channel, während Mandarinfische jeden Tag zur selben Zeit in der Hafenmole des königlichen Yachtklubs zum Fototermin auftauchen und exakt nach einer Stunde wieder verschwinden. Das ist der Grund, hier tauchen zu gehen: Die Vielfalt.

Alle Plätze zu betauchen wird innerhalb eines Urlaubes kaum möglich sein. Und alle Tauchplätze ausführlich zu beschreiben, würde ein eigenes Buch füllen. Die hier abgedruckte Liste, nach bestem Wissen zusammengestellt, erhebt keinen Anspruch auf Vollständigkeit.

Blue Corner
Tiefe: 10 bis 30 Meter, das berühmte Plateau liegt auf ca. 20 Meter.
Art: Strömungstauchgang mit sehr unterschiedlichen Geschwindigkeiten.
Schwierigkeitsgrad: anspruchsvoll
Beschreibung:
Der „All-Inclusive-Tauchgang" in Palau. Man nähert sich der Felsenplatte aus der Tiefe kommend, entlang der Steilwand. Hat man die Riffkante auf ca. 20 m erreicht, geht es quer zur Strömung zur Nase des Plateaus, wo man sich mit einem Riffhaken (kann man vor Ort kaufen oder leihen) im Fels fixiert. Auf langen, elliptischen

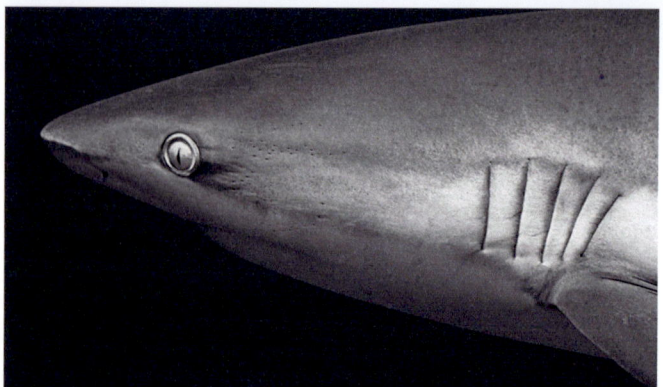

Grauer Riffhai

Manta

Spinnerdelfine

Langnasenfeilenfisch

Mandarinfisch

Spiralröhrenwürmer

Bahnen zieht allerlei Großfisch vorbei: Graue-, Weißspitzen-, und Schwarzspitzenriffhaie, Rochen, Schwärme von Barrakudas, Makrelen und vieles mehr. Häufig trifft man hier auch auf Napoleonlippfische, die sich recht neugierig den Tauchern nähern.

In der Drift geht es dann über den Rücken des Plateaus in zunehmend ruhigeres und seichteres Wasser, bis am Ende der Lagune das Boot wartet. Unterwegs lassen sich Muränen beobachten, Unmengen von Anemonen, Korallen, Muscheln und Schnecken. Man sollte Blue Corner während eines Aufenthaltes in Palau mindestens zweimal betauchen, einmal zur herein kommenden und einmal zur auslaufenden Tide. Die Strömung kann von brutal bis kaum spürbar beschrieben werden, wodurch der Tauchgang jedes Mal unterschiedlich verlaufen kann.

German Channel
Tiefe: 10 bis 25 Meter
Art: Strömungstauchgang
Schwierigkeitsgrad: mittel
Beschreibung:
Der Tauchplatz im German Channel liegt an der Mündung des flacheren Teil des Kanals am Übergang zur inneren Lagune. Über dem sandigen Grund taucht man in einer Tiefe von 20 Metern mit der Strömung. Das Wasser ist bei herein kommender Flut planktonreich, was die Sicht einschränkt. Dafür wird, vornehmlich am Nachmittag, viel geboten, denn die Chancen sind gut, zwischen November und

April Mantas in kleinen und großen Gruppen beim Jagen zu beobachten. Makrelen und Barrakudas patrouillieren in mächtigen Schulen, Weißspitzenriffhaie suchen nach Beute. Im hinteren Teil des Kanals wird es noch einmal flacher, aber nicht langweilig: Leopardenhaie liegen in der Strömung und schlafen, Schildkröten suchen nach Futter.

Ulong Channel
Tiefe: 10 bis 30 Meter
Art: Strömungstauchgang mit überwiegend guter Sicht
Schwierigkeitsgrad: mittel
Beschreibung:
Der Name ist etwas irreführend, denn der „Kanal" führt nirgendwo hin, die Rinne versandet im Barriereriff westlich der Insel Ulong. Man taucht hier in der Regel mit der Flut. An der Mündung des Kanals versammeln sich Graue Riffhaie und Weißspitzenriffhaie. Entlang der Steilwand, in einer Tiefe zwischen 15 und 18 Metern, befindet sich eine imposante Senke, in der man Schulen pazifischer Spatenfische und Stachelmakrelen und große Thunfische bewundern kann. Die Mündung des Kanals erreicht man bei 15 Metern, das dürfte auch die Tiefe sein, auf der man die meiste Zeit auf der man entspannt entlang der Steilwände gleitet. Im Blauwasser schwimmen Zackenbarsche, die Wände sind reich bewachsen mit Korallen und Gorgonien. Spannend wird es im Ulong Channel zwischen Mai und Juli, denn er ist Laichgrund für Tausende Zackenbarsche, die hier

Wir bringen Euch nach Palau zum tauchen !

um Neumond herum für Nachwuchs sorgen.

Blue Holes
Tiefe: 2 bis 30 Meter
Art: Kaverne mit vielen lichtführenden Durchbrüchen, kaum als Höhlentauchgang zu bezeichnen.
Schwierigkeitsgrad: einfach, wenn man in den vorderen Höhlen bleibt, der Temple of Doom ist nur für Taucher mit Höhlenbrevet freigegeben.
Beschreibung:
Man gelangt in dieses „Höhlensystem" durch eines der Löcher auf der Oberseite des Riffs und taucht langsam durch eine breite, wild bewachsenen Röhre 18 Meter tief ab. Soldatenfische und Fahnenbarsche „kontrollieren" den Zugang. Am Fuß der Röhre angekommen, liegt die nahezu strömungsfreie Höhle mit ihren mächtigen Oberlichtern hell erleuchtet vor dem Taucher.

Neben den üblichen Verdächtigen sollte man besonders auf seltene Grundeln und die bunten, 2 bis 10 cm langen Feenbarsche achten, die hier häufig vorkommen, ebenso wie Leierschwanz-Lippfische, die man nicht jeden Tag zu sehen bekommt.

Im hinteren Teil der Höhle gibt es einen kleinen Eingang zum Temple of Doom. Die Höhle erstreckt sich bis zu 100 m in das Riff hinein und verfügt über kein natürliches Licht. Die Hauptattraktionen sind zwei komplette Schildkrötenskelette im Inneren der Höhle. Hier kamen in der Vergangenheit Taucher ums Leben, Gedenktafeln erinnern an sie und mahnen gleichzeitig, diese Höhle nur zu betauchen, wenn man dafür ausgebildet ist.

Zwei Ausgänge stehen für die „Blue Holes" zur Verfügung, beide sind gut zu sehen. Der größere verläuft zwischen 20 und 40 Metern Tiefe, der kleinere liegt bei 15 Metern. In der Regel verbringt man 10-15 Minuten in der Höhle. Bei Flut hat man ein wenig mehr Zeit in den Höhlen, bei Ebbe zieht die mächtige Strömung Taucher in Richtung des benachbarten Tauchplatzes „Blue Corner", wenn die Luft reicht, kann man den auch noch betauchen.

Siaes Corner
Tiefe: 3 bis 40 Meter
Art: Steilwand, Strömungstauchgang
Schwierigkeitsgrad: mittel
Beschreibung:
Siaes Corner ist ein für Palau typischer Tauchgang: lange Steilwand, in diesem Fall dreimal unterbrochen durch tiefe Einschnitte, die übervoll sind mit Weichkorallen in allen Farben und Gorgonien. Schulen von Falterfischen, Fahnenbarsche in vielen Farben, Drückerfische und eventuell junge graue Riffhaie kann man hier ohne viel Mühe beobachten. Hinter der Riffkante wartet ein Korallengarten, in dem Haie sehr gerne jagen, ebenso wie Zackenbarsche und Drachenköpfe.

Ngemelis Wall
Tiefe: 2 bis 30 Meter
Art: Steilwand, Strömungstauchgang

Schwierigkeitsgrad: einfach
Beschreibung:
Neben dem Tauchplatz Big Drop Off befindet sich Ngemelis Wall und lädt zu ruhigen, langsamen Drift-Tauchgängen ein. Da man hier in beide Richtungen tauchen kann, spielt es keine Rolle, ob Ebbe oder Flut herrscht. Hier kann man tief entlang der Wände gehen oder im Flachwasser über das Riffdach tauchen. Das Riff bietet schwarze Korallen, riesige Muränen, Napoleonbarsche und Nacktschnecken, entlang der Wände findet man Adlerrochen, Weißspitzenriffhaie, graue Riffhaie, schlafende Leopardenhaie, sowie auch jagende Makrelen: Ngemelis Wall bietet für alle etwas.

Die Sicht ist ausgezeichnet und reicht normalerweise von 18 m bis zu 50 m. Egal, ob die Makrolinse oder das Weitwinkel sich auf der Kamera befindet, dieser Tauchplatz bietet das passende Fotomotiv. Ein schöner Tauchplatz, um die Fotoausrüstung zu probieren oder Fotografiekenntnisse zu perfektionieren.

Turtle Cove
Tiefe: 2 bis 30 Meter
Art: Steilwand, Strömungstauchgang
Schwierigkeitsgrad: einfach
Beschreibung:
Der Einstieg ist ein kleines, tiefblaues Loch auf dem Sattel eines flachen Riffs. Die Wände hinunter ins Loch sind schön bewachsen, hier findet man Weichkorallen und Filigrankorallen (Stylaster). Dazwischen wühlen Falter- und Drückerfische in Schwämmen.
Mit der Wand an der rechten Schulter driftet man ca. 20 Minuten auf die Ecke des Riffs zu und teilt sich den Weg manchmal mit großen Schulen schwarzer Schnapper. Wenn man angekommen ist, ändert sich das Bild, denn das vor einem liegende Plateau ist wie in Riesenaquarium. Kleinste Rifffische und ausgewachsene Haie, Schildkröten und der klassische Bewuchs aus Anemonen, Gorgonien und Korallen wechseln sich hier ständig ab.
Dieser Tauchplatz hält auch gerne einmal Überraschungen bereit, der gelegentliche Blick ins Blauwasser lohnt sich.

Peleliu Express
Tiefe: 15-40 Meter
Art: Strömungstauchgang
Schwierigkeitsgrad: schwierig
Beschreibung:
Dieser Tauchgang gehört zu den strömungsintensivsten Erlebnissen, die Palau zu bieten hat, bis zu vier Knoten sind hier keine Seltenheit. Deswegen sollte man den Tauchgang nur unternehmen, wenn man entsprechende Erfahrung mit Strömungen hat. Der Tauchgang beginnt an der Steilwand, an diversen Spots wird der Riffhaken eingehängt und man sieht Haie, große Schulen von Schnapperfischen und Napoleonlippfische. Gelegentlich tauchen hier auch Silberspitzen- und Bullenhaie auf.

Jake Seaplane
Tiefe: 12-15 Meter
Art: Wrack

Schwierigkeitsgrad: einfach
Beschreibung:
Das japanische Wasserflugzeug „Jake Seaplane" lag wohl vor Malakal Harbor, etwa einen Kilometer nördlich von Meyuns Island vor Anker, als die Amerikaner es im Zweiten Weltkrieg versenkten. Heute ruht es 15 Meter tiefer, aufrecht sitzend auf einem kleinen Plateau. Einst hatte der Aufklärer eine Reichweite von über 1.100 nautischen Meilen, zum Ende des Krieges wurden Flugzeuge diesen Typs auch für Kamikaze-Missionen eingesetzt. Das Heck liegt einige Meter weiter und vollständig überwuchert vom Flugzeugrumpf entfernt. Der schwere Motor ist leicht abgeknickt, die großen Schwimmer stützen das Wrack immer noch. „Jake Seaplane" ist bei guter Sicht besonders zum Fotografieren geeignet, es gibt so gut wie keine Strömung.

Teshio Maru
Tiefe: 14-24 Meter
Art: Wrack
Schwierigkeitsgrad: einfach
Beschreibung:
Der 2.840 Tonnen schwere und 98 Meter lange, japanische Marinefrachter ruht auf seiner Steuerbordseite, westlich von Koror. Er sank am 30.März 1944 bei dem Versuch, amerikanischen Torpedofliegern zu entkommen. Die charakteristische offene Struktur eines Frachters erlaubt einen guten Einblick ins Wrack, ohne tatsächlich ins Schiff hinein tauchen zu müssen. Eine große Kanone befindet sich auf dem Heck, ist aber wegen der starken Überwucherungen als

Waffe kaum mehr zu erkennen. Am Rumpf und an der Reling haben sich verschiedene Nesseltiere angesiedelt, einen Taucheranzug mit langen Ärmeln und Beinen sollte man tragen. Hier, wie überall sonst in Palau, ist es zwar nicht grundsätzlich untersagt, Wracks zu penetrieren, wer es dennoch wagt, tut dies immer auf eigene Gefahr. Die vorderen Frachträume sind leer, die Einschusslöcher der Torpedos sind gut zu erkennen.

Sam's Wall (Mandarinfisch-Tauchgang)
Tiefe: 1-4 Meter
Art: Makro
Schwierigkeitsgrad: einfach
Beschreibung:
Gegen 16.30 Uhr kommt die Kolonie der kunterbunten Mandarinfische aus ihren Verstecken zwischen den Steinen hervor – ein Fest für Unterwasserfotografen mit Makrolinse! Neben den farbenfrohen Zwergen findet man hier auch Seenadeln, Riesenmuscheln, gelegentlich eine Seeschlange sowie kleine Krebse und eine große Artenvielfalt an Falterfischen. Das Tauchcenter Sam's Tours bietet diesen Tauchgang kostenlos an.

Chandelier's Cave
Tiefe: 3-18 Meter
Art: Höhle
Schwierigkeitsgrad: mittel
Beschreibung:
Die Chandelier Cave ist ein Höhlensystem, das aus vier großen Kammern besteht. In jeder davon kann man auftauchen und die Maske absetzen; der Berg, in dem sich das Höhlensystem befindet, ist mit zahlreichen

Spalten und Kaminen durchsetzt, so dass der Luftaustausch relativ gut ist. Das Innenleben der Höhle besteht aus fragilen Tropfsteinformationen – Vorsicht beim Auftauchen ist angesagt! Das Besondere an diesem Höhlensystem ist, dass man bis zur dritten Höhle klar und deutlich den Höhleneingang erkennen kann. In der vierten Kammer befindet sich am Boden eine kleine Sandbank. Wer hier nicht zu tief abtaucht, kann den Ausgang immer noch gut erkennen. Die Höhle liegt in der Bucht des Palau Yacht Clubs, in der Nähe der Tauchcenter in Koror. Sie wird von dort häufig als dritter Tauchgang angeboten. Eine Höhlenbrevetierung ist nicht erforderlich. Wer unter Platzangst leidet, sollte jedoch eventuell auf diesen Tauchgang verzichten. Bei dem Tauchgang müssen Lampen mitgeführt werden!

Besondere Tauchgänge – Phänomene, die man nicht oft zu sehen bekommt

Black Water Diving

Ins Deutsche übersetzt bedeutet das Wort „Schwarzwasser-Tauchgang". Noch in der Nacht legt das Boot vom Palau Yacht Club ab und bringt eine kleine Gruppe von höchstens sechs Tauchern über tiefes Wasser, das zu dieser Tageszeit undurchdringlich schwarz ist. Daher der Name.Auf einer Tiefe von ca. zwölf Metern wird eine Querstange befestigt, an der starke Lampen montiert sind. Nach ungefähr einer halben Stunde geht es ins Wasser.

Angelockt vom Licht, zeigen sich allerlei Kreaturen, manchmal fluoreszierende, transparente Wirbellose, die eher an Raumschiffe, als an Fische erinnern. Andere ähneln in gewisser Weise Meeresbewohnern, wie man sie zu kennen glaubt, einige, bei Weitem nicht alle, Jungtiere der über 1.300 Fischarten Palaus sehen wenigstens ein bisschen wie ihre Eltern aus. Es ist übrigens nicht ungewöhnlich, von Zeit zu Zeit auf Lebewesen zu stoßen, die bisher nirgendwo erfasst oder beschrieben wurden. Und bisweilen teilt man sich die die mystische Schwärze der See mit deutlich größeren Kreaturen, die lediglich an ihrer Silhouette erkennbar am Rande des Lichtkegels auftauchen…

Black Water Diving ist ein interessanter Leckerbissen für Taucher, die einen Hang zu Phänomenen dieser Art haben. Er ist bestimmt nichts für jedermann. Die gewohnte Orientierung zwischen oben, also hell, und unten fehlt völlig. Kommt noch Strömung hinzu, kann die Situation durchaus als klaustrophobisch empfunden werden. Außerdem sollte man in der Lage sein, selbstständig die eigene Tiefe mit Hilfe des Computers im Auge zu behalten, während man versucht, Bilder zu machen und gleichzeitig gegen die Strömung anzugehen.

Laichtauchgänge (Spawning)

Im Rahmen der meeresbiologischen Forschung wurden in Palau in Küstennähe Massenlaich-Aggregationen beobachtet, die man im Englischen

„Spawning Aggregations" nennt. Diese einzigartigen Naturphänomene kann man als erfahrener Taucher nun regelmäßig während der Neu- und Vollmondphasen beobachten, verschiedene Tauchcenter und Tauchkreuzfahrtschiffe bieten diese besonderen Tauchgängen an. Während der Neumondphase ergießen sich mit Sonnenaufgang Hunderte von Büffelkopf-Papageifischen (Bolbometepon muricatum), die im flachen Teil der Lagune geschlafen haben, wie ein Wasserfall über den Meeresboden in den Kanal. Zunächst finden sich die Fische in einer losen Formation zusammen, die sich langsam und rhythmisch immer weiter verdichtet, bis eine beeindruckend große Masse entstanden ist, die am Riff entlang mäandert.

Nach einer gewissen Zeit zeigen die männlichen Alpha-Tiere ihre Dominanz, indem sie vertikal nach oben schwimmen und dabei ihre Flossen aufstellen, gleichzeitig verfärbt sich die höckerige Stirn weiß. Manchmal hört man, wie die Männchen ihre Köpfe wie Büffel gegeneinander schlagen, was allgemein als Zeichen für den Beginn des Geschlechtsaktes verstanden werden kann.

Nun schwimmt die Schule mit manchmal mehr als 1.000 Individuen weg vom Riff ins Blauwasser. Die Köpfe der Fische sind nun hellweiß, Streifen werden auf ihren Flanken sichtbar, das Tanzritual beginnt.

Zunächst bleiben die Tiere noch im tieferen Wasser, alles scheint darauf zu warten, dass ein Pärchen sich in Bewegung setzt, den Anfang macht. Von oben betrachtet sieht man als Taucher lediglich weiße Flecken und „Wolken", die von links nach rechts und dann wieder zurück springen. Auf einen Schlag dann beginnt die Vorstellung, ein Feuerwerk sexueller Aktivität: Die Weibchen schießen hoch zur Oberfläche, dicht verfolgt von zehn, manchmal 15 Männchen. Eine Theorie zu diesem seltsamen Verhalten ist, dass die Weibchen so versuchen könnten, das schnellste und stärkste Männchen zu finden, um dessen Gene den Jungtieren mitzugeben. Die Vorstellung kann bis zu einer Stunde dauern, diese Verfolgungsjagden finden direkt vor dem Auge des tauchenden Betrachters statt, manchmal nur zwei Meter entfernt. Dazu gehört natürlich Glück, die meiste Zeit ist man ohnehin so von dem Spektakel überwältigt, dass man gar nicht weiß, wohin man die Kamera richten oder in welche Richtung man tauchen soll.

Wenn die Aktivität der Fische dann nachlässt und die Schule sich zurück in ihren regulären Lebensraum bewegt, verwandelt sich auch der Tauchplatz wieder in seinen Normalzustand. Das Wasser allerdings ist jetzt eine trübe, wolkige Masse aus Keimzellen, bereit, während sie mit der auslaufenden Strömung hinaus in den Abyss treiben, den ersten Teil des Lebenszyklus zu beginnen.

Zu Vollmond findet ein vergleichbares Massenlaichen satt, nun sind es die Roten Schnapper (Lutjanus Bohar), die zu Tausenden dazu beitragen, ihrer

Spezies das Überleben zu sichern. Dieses Spektakel zieht im Umfeld regelmäßig größere Raubfische an, je nach Ort und Zeit Graue Riffhaie (Carcharhinus Amblyrhynchos) oder heimische Bullenhaie (Carcharhinus Leucas).

Mindestvoraussetzung für die Teilnahme sind 50 geloggte Tauchgänge, Erfahrung mit Strömung sowie die Fähigkeit, eine Oberflächenboje zu setzen und im Blauwasser aufzutauchen zu können.

Alphabetische Liste weiterer Tauchplätze

- Alice's Garden
- Barnum's Wall
- Big Drop Off
- Blue Holes
- Clam City
- Devil's Playground
- Devilfish City
- New Drop Off
- Fern's Wall (Turtle Wall)
- German Wall
- Honeymoon Beach
- Kayangel Atoll
- Kayangel Wall
- Lighthouse Channel
- Lighthouse Express
- Mandarinfish Lake
- Mutiyaur Wall
- New Drop Off
- Ngedebus Coral Garden
- Ngedebus Corner
- Ngedebus West
- Ngemelis Wall
- Ngerchong Inside
- Ngerchong Outside
- Orange Beach
- Peleliu Corner
- Peleliu Cut
- Peleliu Express
- Peleliu Wall
- Pinchers Lagoon

- Runway Wall
- Santa Maria Point
- Sandy Bar
- Satan's Corner
- Shark City
- Short Drop Off
- Siaes Tunnel
- South Dock
- Stingray Point
- Turtle Cove
- Ulong Channel
- Velasco Reef
- West Channel
- White Beach Point
- Wild West Coral Garden
- Wonder Channel
- Yellow Wall

Alphabetische Liste weiter Wracktauchplätze

- Amatsu Maru
- Bichu Maru
- Buoy 6
- Chuyo Maru
- Destroyer Samidare
- Destroyer Wakatake
- George Bush Wreck
- Gozan Maru
- Hafa Adai (Half-a-day)
- Helmet Wreck (Depth Charger)
- Iro Maru
- Kamikaze Maru
- Kibi Maru
- Lignite
- LST Type 1
- Raizan Maru
- Ryuko Maru
- Samidare
- Sata Tanker
- USS Perry (Tec/Trimix)
- Zeke Fighter

Teshio Maru

Pause zwischen den Tauchgängen, Two Dog Beach

Jake Seaplane

Chandelier Cave

Einstieg Blue Holes

Gorgonie an der Steilwand New Drop Off

Kajak fahren in den Rock Islands

Es gibt in Palau einen einfachen Weg, der Zivilisation zu entfliehen: Mit dem Kajak! Denn in nur 30 Minuten paddeln selbst Ungeübte in die Rock Islands hinein. Und damit in eine Welt, die sogar den meisten Einwohnern der Inseln völlig unbekannt ist, gänzlich unberührt von menschlichen Einflüssen.

Taucher verwenden in der Regel genau einen Tag für andere touristische Aktivitäten. Weil sie es müssen, 24 Stunden vor Abflug darf man aus gesundheitlichen Gründen nicht mehr tauchen. Aber nass werden natürlich schon, also führt der Weg für viele mit dem Paddel in dieses einzigartige Ökosystem. Maske, Schnorchel, Flossen und ausreichend Wegzehrung inklusive.

Der wahrscheinlich sicherste Weg, eine solche Tour zu buchen, führt über den eigenen Tauchanbieter, Kajaktouren sind eigentlich bei allen im Programm. Wobei man aus mehreren Angeboten wählen kann. Zum einen ist es durchaus möglich, in Eigenregie, also ohne Begleitung, lediglich mit einer Karte (mit Routenvorschlägen) ausgestattet, unberührte Buchten anzusteuern. Ausgebildeter Navigator muss man dafür übrigens nicht sein, gesunder Menschenverstand genügt völlig. Und sicher ist es auch, man bewegt sich in gebührendem Abstand zu allen Tauchboot- und Schifffahrtsrouten. Das Wasser ist türkis-blau, manchmal nur knietief und spiegelglatt, schon nach wenigen Zentimetern beginnt das marine Leben. Die Rock Islands sind nämlich, neben allen anderen ausreichend beschriebenen Besonderheiten, der „Kindergarten" vieler Kreaturen, die man jenseits der Riffkante in kaum 100 Metern Entfernung ausgewachsen gesehen hat. Haie zum Beispiel, hier 15 Zentimeter, dort zwei Meter lang. Auch Arten und Farben von Korallen und Anemonen sind völlig andere, als man sie von den Riffen her kennt. Selbst Wracks findet man zwischen den Inseln, von denen sich Orchideen aus dem üppigen Grün an langen Stielen sanft in der Brise wiegen. Man gleitet unter bewachsenen Steinbögen hindurch in abgeschiedene Mini-Buchten, weit entfernt von jeglicher Zivilisation. Paradiesisch.

Zum anderen gibt es Angebote, mit dem Motorschiff Teile der Rock Islands zu umrunden und von dort aus mit dem Kajak seine Expedition zu beginnen. Gut ausgebildete Guides kennen Pflanzen, Tiere und Geschichte genau, zielsicher führen sie ihre Gäste von Highlight zu Highlight. Diese Angebote sind vor allem etwas für Menschen, die mehr erfahren und lernen wollen.

Zu den Höhepunkten, die im Rahmen der angebotenen Tagestouren angesteuert werden, gehören unter anderem: Palaus ältester Korallenwald (Nikko Bay Tour), eine Fahrt durch die Mangrovenkanäle (Long Lake Tour), Secret Lake, der nur bei Ebbe durch einen tunnelähnlichen Bogen hindurch zu erreichen ist (Long Lake Tour) sowie die Felsmalereien auf der Insel Ulong in den Rock Islands (Ulong Island Tour).

Eine weitere Methode, die Rock Islands zu erkunden, quasi die „XXL-Variante" als Campingtour, braucht ein wenig mehr Zeit, je nach Wunsch zwei Tage bis zu einer Woche. Dabei folgt man mit dem Kajak einer vorher festgelegten Route. Hat man den ersten Wegpunkt erreicht, findet man ein aufgebautes Zelt vor, Schlafsäcke, einen Grill, kühle Getränke und Verpflegung. Und zwar so lange, bis man am Ende der Tour in die Zivilisation zurückkehrt. Menschen trifft man in der ganzen Zeit nicht, außer der Zufall will es so.

Mit den Kajaks unterwegs im Black Tip Lake

Hin und wieder gleitet man mit den Kajaks über Wracks hinweg

Felsmalerei in den Rock Islands

Ruhe und Natur pur bei der Kajaktour

Robinson-Crusoe-Feeling: Zelten in den Rock Islands

Fantasy Island, Rock Islands

Beim Zelten in den Rock Islands genießt man Stille & Natur pur

Aktivitäten an Land

680 Nachtmarkt

Alle zwei Wochen samstags findet der beliebte Nachtmarkt an der JP-Freundschaftsbrücke statt. Der Markt bietet einen Abend mit Live-Unterhaltung, Tanzvorführungen, Essen und Kunsthandwerk, und ist eine hervorragende Gelegenheit, Palauer kennen zu lernen. Es gibt einen Bus-Shuttleservice. Weitere Auskünfte erteilt das Büro der Palau Visitors Authority.

Airai Cultural Experience

Wenn Sie diesen kulturellen Ausflug in ein traditionelles Dorf im Regierungsbezirk Airai buchen, erwartet Sie ein Tag, an dem Sie tief in die Kultur von Palau eintauchen werden. In Airai ist palauische Lebensart lebendig, beispielsweise die matrilineare Struktur. Frauen spielen nämlich eine entscheidende Rolle in der Gemeinschaft des Inselstaates, insbesondere bei Landbesitz und familiären Entscheidungen. So gesehen verwundert es kaum, dass man zu Beginn der Tour ausschließlich von Frauen in traditionellen Kostümen vom Hotel abgeholt wird. Und man(n) sich überwiegend in der Lebenswirklichkeit des anderen Geschlechts bewegt.
Die Tour beginnt mit einer Verköstigung lokaler Snacks währenddessen die Damen ihre Haarpracht und traditionellen Kostüme erklären. Im Anschluss besuchen die Teilnehmer eine Familie und die Familienälteste erklärt die komplizierte Kunst der Herstellung traditioneller palauischer Röcke, die aus Hibiskusrinde gewebt werden – ein Prozess, der sich über Monate erstreckt und Generationen miteinander verbindet.
Weiter geht es mit dem Besuch des traditionellen, reichlich verzierten und noch immer aktiv genutzten Versammlungsortes der Männer, dem Bai von Airai. Hier werden wichtig Entscheidungen für das Dorfleben getroffen. Auf dem Weg zum Mittagessen erfolgt ein Stop am Kriegskanu von Airai. Das Mittagessen ist noch ein Beispiel für die Nachhaltigkeit, die den Palauern sehr wichtig ist. Im „modernen" Bai, wir würden es Gemeindehaus nennen, werden in einem Strohkorb, der mit einem Bananenblatt und einer Blüte bedeckt ist, typische und liebevoll zubereitete Gerichte wie frischer Fisch, Kokosnusskrabbe, Huhn, Obst und Taroprodukte kredenzt. Die Präsentation der Gerichte verzichtet auf Plastikkomponenten, alles wird auf und mit nachwachsenden Rohstoffen angeboten.
Nach dem Mittagessen bittet die Familie ein weiteres Mal zu sich. Nun geht es auf die Taro-Felder! Hier lernen Sie die traditionelle Art des Taro-Anbaus kennen. In der palauischen Kultur ist Taro ein Symbol für Nahrung und Gemeinschaft und vieles mehr. Wer mag, darf auch gerne selber in das schlammige Feld gehen und mit eigener Hand einige der Feldfrüchte ernten. Im Haus der Familie wird der interessante Tag damit beendet, die Verarbeitung der Taro zu zeigen und natürlich auch wieder mit einer Verkostung zu beenden.

Storyboard-Workshop

Storyboards sind geschnitzte Holztafeln. Sie wurden von japanischen Künstlern in den 1930er Jahren unter der japanischen Vorherrschaft in die Kultur Palaus eingeführt. Die Geschichten, die auf den Palau-Storyboards erzählt werden, sind in der Regel alte palauische Legenden, historische Ereignisse, aber auch Szenen aus dem Alltag der Gemeinschaft, wie Fischfang, Landwirtschaft und traditionelle Feste. Storyboards sind Bewahrer des kulturellen Wissens der Palauer. Der Ursprung der Motive geht auf die traditionelle bemalte Holzschnitzerei zurück. Diese Kunstform war mit den Innenräumen traditioneller Männerhäuser verbun-

den, wo die horizontalen Balken und Giebelenden mit mythischen, historischen und humorvollen Geschichten bemalt wurden, aber eben der Allgemeinheit nicht zugänglich waren. Storyboards gelten zudem als ausgesprochen dekorativ, deswegen sind sie als Souvenir bei Touristen besonders beliebt. Lange Zeit fertigten ausgerechnet Strafgefangene im Koror Staatsgefängnis diese Schnitzereien, besserten so das Einkommen ihrer Familien auf, während man seine Strafe absaß. Das ist auch heute noch so, aber nicht mehr ausschließlich. Ein Meister seines Fachs ist Darwin „Ling" Inabo und der war nie in einem Gefängnis. In seiner Werkstatt fertigen er und seien Mitarbeiter Storyboards, meist aus lokalem Holz, wie Mahagoni oder Ebenholz. Die Wände hängen voller Motivtafeln, die man natürlich kaufen kann. Die Künstler arbeiten mit großer Präzision, um detaillierte und symbolträchtige Szenen zu schaffen. Jede Tafel erzählt eine einzigartige Geschichte, an der man übrigens persönlich teilhaben kann – bei Ling kann man selbst Hand ans Schnitzmesser legen, wenn auch nur ein wenig. Die Herstellung ist aufwendig, deswegen vollendet ein professioneller Schnitzer das Werk und liefert es nach Fertigstellung ins Hotel. Die Einfuhr von Mahagonihölzern in die EU ist grundsätzlich erlaubt.

Belau Eco Glass Projekt

Mit dem „Belau Eco Glass"-Projekt wird Glasrecycling innovativ vorangetrieben, denn die Wiederverwertung von Altglas ist ein zentraler Bestandteil der Produktion. Es entstehen beindruckende Glaswaren, die natürlich zum Verkauf stehen. Viele tolle Beispiel lassen sich im Showroom bewundern. Und man kann aktiv am Recyclingprozess teilnehmen, indem man Glasblasen erlernt. Ein wenig zumindest.

Rundflüge

Die Rundflüge starten am Flughafen auf Airai. Anbieter für diese atemberaubend schönen Flüge sind Pacific Mission Aviation (PMA) und Smile Air. Pacific Mission Aviation ist eine christliche Hilfsorganisation, die neben humanitären Einsätzen auch Rundflüge über die Rock Islands anbietet. Der Rundflug dauert ca. 45 Minuten und zeigt Highlights wie den Milky Way, den Jellyfish Lake und den German Channel., Big Drop Off, Blue Corner, Seventy Islands, Natural Arch, die Innenstadt von Koror und die Japan-Palau-Friendship Bridge. PMA hängt für bessere Sicht auf Wunsch vor Abflug die Türen aus, was für Fotografen interessant ist, und bietet einen kostenlosen Abhol- und Bringservice an. Die Einnahmen aus den Rundflügen unterstützen die humanitäre Arbeit von PMA. Smile Air bietet ebenfalls verschiedene Rundflüge an. Die Standard-Tour ist ein 40-minütiger Flug. Für bessere Fotomöglichkeiten können die Türen der Flugzeuge auf Wunsch entfernt werden. Die Flüge decken ähnliche Sehenswürdigkeiten wie die von PMA angebotenen Touren ab.

Tanzvorführung in Airai: modern wie traditionell

Im Storyboard-Workshop legt man selbst Hand an

Die Autoren vor dem „Pacific Mission Aviation" Rundflug

An- & Abreise, Einreise

Seit 2015 gilt für Kurzzeitaufenthalte die Befreiung von der Visumpflicht für EU-Bürger; bis zu 90 Tage kann man nun visumfrei einreisen. Der Reisepass muss bei Ausreise noch sechs Monate gültig sein; das Rückflug- oder Weiterreiseticket ist vorzuzeigen. Reisende müssen vor der Einreise eine digitale Einreiseregistrierung abschließen: www.palautravel.pw. Es ist ratsam, die aktuellen Visabestimmungen zu überprüfen oder sich bei der nächstgelegenen Botschaft oder Konsulat zu informieren.

Flughafen

Der internationale Flughafen Roman Tmetuchl International Airport (ROR) liegt im Bezirk Airai auf der Insel Babeldaob. Es gibt keine Direktflüge aus Europa oder den meisten anderen Teilen der Welt, daher müssen Reisende in der Regel über größere Drehkreuze umsteigen.

Fluggesellschaften

China Airlines fliegt ab mehreren europäischen Flughäfen via Taipeh nach Palau.
United Airlines fliegt ab Guam und Manila nach Palau.
Weitere Flugverbindungen zu asiatischen Drehkreuzen sind in Planung. Aus Europa ist die schnellste Verbindung mit China Airlines über Taipeh.
www.chinaairlines.de

Zoll

Zwei Flaschen Alkohol mit je 750 ml und maximal eine (!) Schachtel mit 20 Zigaretten können zollfrei eingeführt werden. In Palau ist es verboten, E-Zigaretten zu kaufen, besitzen oder konsumieren. Touristen müssen E-Zigaretten und deren Zubehör bei der Einreise abgeben, um ein Bußgeld zu vermeiden. Die Einfuhr von kontrollierten Substanzen und Waffen sowie von bestimmten Pflanzen, Früchten und Tieren ist verboten. Geldmittel sind ab einem Betrag von 10.000 US-$ bei der Einreise zu deklarieren.
Die Einfuhr riffschädigender Sonnenschutzmittel ist verboten. Bei Verstößen ist mit empfindlichen Geldbußen zu rechnen.

Währung & Geld

US$. Bei der Bank of Hawaii in Koror können Euro getauscht werden. Bei den Banken in Koror kann man außerdem am Geldautomaten mit ec- oder Kreditkarte und PIN Bargeld ziehen (Auszahlung/Abrechnung in US$). American Express wird nur selten akzeptiert.

Umsatzsteuer

Im Januar 2023 hat Palau eine „Goods & Services Tax" in Höhe von 10 % eingeführt. Die Steuer ist auf fast alle Waren und Dienstleistungen zu zahlen, die für Touristen relevant sind.

Zeitzone

Palau Time (PWT); UTC +9.00 Stunden. Palau stellt die Uhren nicht auf Sommerzeit um.. MEZ: +8.00 Stunden im europäischen Winter, +7.00 Stunden im europäischen Sommer.

Telekommunikation & Strom

Internationale Telefonvorwahl
+680

Mobilfunk
Es gibt keine Roamingabkommen mit europäischen Mobilfunkanbietern. Handys funktionieren nur mit lokalen SIM-Karten.

Internet
Fast alle Hotels, Restaurants und Tauchbasen bieten kostenlosen Internetzugang an. Die Palau National Communications Corporation hat zudem Wi-Fi Hotspots eingerichtet. Der Login erfolgt per Prepaid-Internetkarte oder Telefon via PalauNet.

Post
Das Hauptpostamt befindet sich in Koror auf der Hauptstraße.

Elektrizität
110V, 60Hz (amerikanische Stecker). Das Stromnetz wird mit einem Generator, durch Verbrennung fossiler Brennstoffe, betrieben. Gelegentlich muss mit Spannungsschwankungen und Stromausfällen gerechnet werden. Die Regierung hat sich das ehrgeizige Ziel gesetzt, bis 2050 100 % der Stromerzeugung aus erneuerbaren Energiequellen zu gewinnen. Erste Erfolge mit Solarenergie gibt es bereits.

Transport vor Ort

Verkehrsausrichtung
Rechtsverkehr

Bus
Aktuell wird ein öffentliches Bus-System aufgebaut. Die Busse verkehren montags-freitags von morgens bis nachmittags und enden im Süden von Babeldaob. Eine Fahrt kostet 1 US$.

Taxis
Taxameter gibt es nicht. Jedes Taxi führt eine Preisliste mit sich, auf der die Preise für die jeweiligen Ziele aufgeführt sind. Es wird empfohlen, den Fahrpreis vor Antritt der Fahrt zu klären. Teilweise werden Nachtzuschläge erhoben. Am Flughafen warten in der Regel keine Taxis! Buchen Sie Ihren Transfer vor Ankunft am besten direkt über die Unterkunft.

Shuttle-Services
Einige Hotels bieten kostenpflichtige Shuttle-Services an, die Preise sind in der Regel vergleichbar mit denen der Taxis. Einige Restaurants in Koror bieten im Rahmen einer Reservierung zum Abendessen kostenlose Shuttle-Services an.

Mietwagen
Die Mietwagen werden meist als Gebrauchtwagen aus Japan importiert. Das Lenkrad befindet sich also auf der rechten Seite. Die Geschwindigkeitsbegrenzung liegt bei 30 km/h innerorts, 45-50 km/h in ländlichen Gegenden und 100 km/h auf ausgewiesenen Schnellstraßen. Ein internationaler Führerschein ist für die Anmietung nicht erforderlich.

Central Rental
im Palau Central Hotel
Tel.: +680-488-4500
info@palaurentalcar.com
www.palaurentalcar.com

Hertz
im Neco Plaza Koror
Tel.: +680-488-8474
www.hertz.com

Quick Saver Car Rentals
Tel.: +680-775-1579
oder +680-488-5387
maryann.napil@gmail.com

Gesundheit & Notfälle

Dekokammer (Tauchen)
Belau National Hospital
Tel.: +680-488-2552

Feuerwehr/Krankenwagen
Tel.: +680-488-1411
Notruf: 911

Krankenhaus
Belau National Hospital
Tel:: +680-488-2552

Polizei
Tel.: +680-488-1422
Notruf: 911

Zahnärzte
Private Zahnärzte praktizieren in
der MH Dental Clinic
Tel.: +680-488-0911

Das Belau National Hospital
verfügt auch über eine Zahn-
arztpraxis und die Adventisten
betreiben am Ortseingang von
Koror das „Palau Adventist
Wellness Center" mit einer
Zahnarzt- und Augenklinik.

Diplomatische Vertretungen

Deutsche Botschaft
25/F Tower II, RCBC Plaza
6819 Ayala Ave.
Makati City, Metro Manila
Philippinen

Tel.: +63-2-8702 3000
Notfall-Nr.: +63-917-867 3000
E-Mail via Kontaktformular:
www.manila.diplo.de

**Honorarkonsul der Bundes-
republik Deutschland**
Thomas W. Schubert
Madalaii Loop
Koror
Tel.: +680-488-6622
koror@hk-diplo.de
tschubert@mac.com

Österreichische Botschaft
One Orion Building, 8. Etage
11th Avenue/Ecke 38. Straße
Bonifacio Global City
Taguig
Philippinen
Tel.: +63-2-88179191
manila-ob@bmeia.gv.at
www.bmeia.gv.at

**Honorarkonsul der Bundes-
republik Österreich**
Thomas W. Schubert
Madalaii Loop
Koror
Tel.: +680-488-6622
tschubert@mac.com

Schweizer Botschaft
24/F BDO Equitable Bank Tower
8751, Paseo de Roxas
1226 Makati City, Metro Manila
Philippinen
Tel.: +63-2-8845 45 45
manila@eda.admin.ch
www.eda.admin.ch/manila

Touristeninformation

Palau Visitors Authority
Koror
Tel.: +680-488-1930
info@pristine.pw
www.pristineparadisepalau.com

Gut zu wissen

Feiertage

1. Januar: Neujahr
15. März: Tag der Jugend
5. Mai: Tag der Senioren
1. Juni: Tag des Präsidenten
9. Juli: Tag der Verfassung
1. Montag im September: Tag der Arbeit
1. Oktober: Unabhängigkeitstag
24. Oktober: Tag der Vereinten Nationen
4. Donnerstag im November: Erntedankfest
25. Dezember: 1. Weihnachtstag

Kleidung

Leichte und bequeme Kleidung, möglichst aus Baumwolle, ist gut geeignet. Einige Hotels und Restaurants schalten die Klimaanlagen sehr hoch, deshalb sollte man abends immer eine leichte Jacke dabeihaben. Für Landtouren werden Trekkingsandalen oder feste Schuhe empfohlen. Wichtig sind Insektenschutzmittel, Sonnencreme, Sonnenhut und -brille. Da es in Palau fast jeden Tag regnet, gehört auch eine Regenjacke ins Gepäck. Bei Besuchen in den Dörfern oder offiziellen Regierungsstellen bitte keine Badebekleidung tragen und auf freizügige Kleidung verzichten!

Krokodile & Alligatoren

Die Japaner führten neben den heimischen Salzwasserkrokodilen Alligatoren zu Zuchtzwecken nach Palau ein. Nachdem sie Palau verlassen hatten, gelangten die Tiere in die freie Wildbahn. Aus diesem Grund sollte man nicht ohne vorherige Rücksprache mit Einheimischen der Versuchung erliegen, in einem Fluss, See oder die Inseln durchziehenden Wasserkanäle ein erfrischendes Bad zu nehmen.

Nicht anfassen!

Wenn Bäumen mit einem roten Band gekennzeichnet sind, sollten Sie diese unter keinen Umständen berühren! Denn sie sondern ein giftiges Sekret ab.

Trinkgeldempfehlung

Im Restaurant je nach Service 10 %, manchmal ist der Service bereits im Preis enthalten. Taxifahrer erwarten kein Trinkgeld. Für Tauch- und Kajakguides ist die Empfehlung 10-20 US$, für den Kapitän des Bootes ca. fünf US$, jeweils pro Person/Tag.

Trinkwasser

Sicheres Trinkwasser ist abgekocht oder kommt aus verschlossenen Flaschen.

Vorsicht Fettnäpfchen!

Beim Betreten von öffentlichen Gebäuden wird es gern gesehen, wenn die Besucher die Schuhe vor der Tür lassen, wie es traditionell üblich ist.

Genehmigungen

Die Regierung und verschiedene Regierungsbezirke in Palau schreiben vor, dass alle Besucher, die an Aktivitäten im Wasser (Schnorcheln, Tauchen, Kajakfahren) teilnehmen, im Besitz einer gültigen Genehmigung sein müssen. Die Einnahmen werden zum großen Teil für den Unterhalt der Naturschutzgebiete sowie der Infrastruktur auf den Inseln der Rock Islands (Grillplätze und WCs) verwendet.

Die Permits sind bei den Tauchbasen erhältlich. Die Preise verstehen sich pro Person, die Permits sind für jeweils zehn aufeinanderfolgende Kalendertage gültig. Koror State Permit (deckt die meisten Tauchplätze ab) inkl. Besuch des Jellyfish Lake: 100 US$, ohne Besuch des Jellyfish Lake: 50 US$. Peleliu State Permit (erforderlich z.B. für den Tauchgang „Peleliu Express"): 60 US$. Gebühr für Nur-Landausflug: 25 US$.

Tacheles

Dolphins Pacific

Viele Menschen wünschen sich, einmal im Leben mit Delfinen zu schwimmen oder zu schnorcheln. Bitte bedenken Sie jedoch, dass immer noch Delfine aus freier Wildbahn gefangen werden und dabei zum Teil auch mit großer Brutalität vorgegangen wird (z.B. in Taji/Japan), um diese Freizeitangebote kontinuierlich mit neuen Tieren zu versorgen.

Zahlreiche, wissenschaftliche Studien belegen, dass die hochgradig intelligenten und sozialen Tiere in Gefangenschaft leiden. Von daher raten die Autoren dieses Reiseführers von einem Besuch des Dolphins Pacific ab.

Souvenirs

Leider gibt es immer noch Geschäfte, die mit Produkten von geschützten Arten handeln, wie Steinkorallen, Muscheln oder Schildkröten-Produkte. Reisende sollten den Kauf solcher Souvenirs vermeiden. Zum einen werden damit die einzigartigen, natürlichen Ressourcen Palaus empfindlich gemindert und das Ökosystem Riff gefährdet, zum anderen machen Sie sich strafbar, wenn Sie Produkte in Ihr Heimatland einführen, die dem Washingtoner Artenschutzgesetz (CITES) unterliegen. Informationen, welche Souvenirs betroffen sind, finden Sie hier: www.bfn.de

Unterkünfte & Restaurants in Palau

In Palau gibt es kein Hotelklassifizierungssystem nach internationalen Standards. Palau Visitors Authority ordnet die Unterkünfte in die Kategorien Resort, Hotel, Motel, Bungalows, Villen, Appartements sowie Tauchkreuzfahrtschiffe ein.

Die „Selbsternennung" mancher Hotels zum Resort kann verwirrend sein, da es sich oft um Anlagen handelt, die weder über einen Strand noch Sport- oder Wellnessbereich verfügen. Die nachfolgende Übersicht der für Europäer relevantesten Unterkünfte ist deswegen an westliche Standards angelehnt.

Einige Unterkünfte haben bis zu vier verschiedene Saisonzeiten. Die Hauptsaison richtet sich häufig nach asiatischen Ferien.

Die Hotels erhöhen die Preise fast jedes Jahr. Es empfiehlt sich, Reisen nach Palau möglichst mit entsprechendem Vorlauf zu planen, Preise aktuell im Hotel oder beim Reiseveranstalter zu erfragen und zeitlich flexibel zu sein.

Hotels & Resorts in Koror

Luxus-/Strandresorts

Palau Pacific Resort

Luxuriöses Strandresort mit Spa, Pool und Privatstrand. Seit 2015 gibt es hier die ersten Bungalows über dem Wasser in ganz Mikronesien.
Ngerkebesang
Tel.: +680-488-2600
guest@ppr-palau.com
www.palauppr.com

Palau Royal Resort

Internationales Strandresort (Nikko-Hotels) mit Spa, Pool und Privatstrand.
Malakal Island
Tel.: +680-488-2000
info@palau-royal-resort.com
www.palau-royal-resort.com

Unterkünfte mit gehobenem Standard

Cove Resort

Resort an der Neco Marina mit großem Pool.
Tel.: +680-488-4333
www.coveresortpalau.com

Palau Carolines Resort

Boutique Resort mit charmanten Bungalows und Luxus-Safarizelt-Unterkünften. Derzeit noch kein Restaurant, das Frühstück wird auf der Veranda mit tollem Blick über die Rock Islands serviert.
Meyuns
Tel.: +680-488-3754
reservation@carolines-palau.com
www.carolines-palau.com

Palasia Hotel Palau

Zentral gelegenes Hotel mit Pool und kleinem Fitness-Center.
Koror

Tel.: +680-488-8888
www.palasia-hotel.com

Uns hat gefallen, dass endlich alle Teppiche entfernt wurden – für Allergiker eine gute Nachricht. ▮

Palau Central Hotel

Zentral gelegenes Hotel mit Zimmerausstattung, die sich an westlichen Standards orientiert. Kleiner Pool, Gym, Spa, schalldichte Zimmer. Für Selbstversorger gibt es Zimmer mit Küche.
1724 Main Street
Koror
Tel.: +680-488-4500
info@palaucentral.com
www.palaucentral.com

Unsere Meinung: Zusammen mit dem Carolines Resort die bequemsten Hotelbetten in ganz Palau! ▮

Rose Garden Resort

In die Jahre gekommene Anlage.
Meyuns
Tel.: +680-488-7671
info@palaurosegarden.com
www.palaurosegarden.com

Standardunterkünfte

Sea Passion Hotel

Hotel mit Pool und kleinem Strand, der bei hoher Tide jedoch nicht mehr nutzbar ist.
Malakal, Koror
Tel. +680-488-0066
www.seapassionhotel.com

West Plaza Hotels

Lokale Hotelkette, einfache, saubere Unterkünfte.
- West Plaza Malakal
- West Plaza Desekel
- West Plaza Downtown
- West Plaza on Lebuu Street

Tel.: +680-488-2133
west.plaza@wctc-palau.com
www.wphpalau.com

DW Motel
Zentral gelegene, günstige, einfache Unterkunft.
Koror
Tel. +680-488-2641
www.dwmotel-palau.com

Die Lage der wichtigsten Unterkünfte in Koror finden Sie auf der Karte, S. 46

Hotels & Resorts auf anderen Inseln

Angaur (Süden)
Angaur ist touristisch noch nicht sehr erschlossen. Momentan gibt es weder Unterkunftsmöglichkeiten noch eine Tauchbasis.

Babeldaob
Die meistens Hotels in Airai liegen in Flughafennähe. Sie sind jedoch insbesondere für Taucher nicht zu empfehlen, da die Tauchbasen in Koror die Gäste dort nicht abholen. Auch mangelt es in der Gegend an Restaurants. Die Fahrt von Airai in das Zentrum von Koror dauert ca. 30 Minuten.

M & A Eco Beach Bungalows
Kleine, familiär geführte Unterkunft am Strand im Norden von Babeldaob, sehr abgeschieden.
Ngaraard, Babeldaob
Tel.: +680-824-1026
www.marivsidebungalows.com

Palau Beach Bungalows
Günstige Bungalows am

Strand in der Nähe der Hauptstadt.
Melekeok, Babeldaob
Tel.: +680-587-2533
www.palauparadise.com

Palau Sunrise Sea View Landison Retreat
In 2024 neu eröffnetes Resort mit Spa & Pool in der Nähe der Hauptstadt. Kein direkter Zugang zum Meer!
Ukaeb, Melekeok, Babeldaob
Tel.: +680-654-1111
reservations@sunrisepalau.com
www.sunrisepalau.com

Peleliu (Süden)
Die Unterkünfte auf Peleliu sind sehr schlicht. Viele Besucher klagen über Sandflöhe.

Dolphin Bay Resort
Im Norden Pelelius gelegenes Resort mit Tauchbasis.
Koska, Peleliu
Tel.: +680-345-5555
dolphinbay-resort-peleliu.com

Storyboard Beach Resort
Einfache, günstige Unterkunft mit kleinen Bungalows.
Klouklubed, Peleliu
www.storyboardbeachresort.com

Restaurants in Koror/Malakal
In Koror, der größten Stadt in Palau, gibt es eine breit gefächerte Auswahl an Restaurants. Für jeden Geldbeutel und Geschmack ist etwas dabei. Wer lokale Spezialitäten probieren möchte, sollte „Mangrove Crab" (Mangroven-Krabbe) oder „Coconut Crab" (Kokosnuss-Krabbe) bestellen. Die Palauer gehen relativ früh essen. Wenn Sie gerne später essen

gehen, prüfen Sie besser vorher, wie lange die Küche geöffnet hat. Für Hauptgerichte müssen Sie mit durchschnittlich ca. 15-30 US$ rechnen, Vorspeisen liegen bei etwa 10 US$. Bier ca. 6-10 US$, Wasser/Soft Drinks ca. 3-5 US$.

Barracuda Bar + Restaurant
Mediterrane Küche, Fisch und vegetarische Gerichte.
Tel.: +680-488-5416
Facebook: @barracudapalau
Täglich geöffnet

Bottom Time Bar + Grill
Snacks und nach Verfügbarkeit fangfrischer Fisch, lokales Bier (Red Rooster) vom Fass.
Im Palau Yacht Club
Tel.: +680-488-4382
Täglich geöffnet

! Schöne Location bei Sonnenuntergang

Coffeeberry Café
Nette Bar mit gutem Kaffee, Waffeln, Smoothies, etc.
Tel.: +680-488-2622
Täglich geöffnet

Drop Off Bar + Grill
Spezialität: Sebus (Tiefsee-Schnapperfisch, gefangen in ca. 150-300 Meter Tiefe).
Malakal Island
Tel.: +680-488-7505
info@necomarine.com
www.necopalau.com/dropoff
Täglich geöffnet

Elilai Seaside Dining
Pazifische Küche, gute Cocktailkarte, toller Ausblick über die Lagune.

! Tipp: Bereits zum Sonnenuntergang kommen und den Tag bei einem Cocktail ausklingen lassen.
Tel.: +680-488-8866
info@elilaipalau.com
www.elilaipalau.com
Täglich geöffnet, kostenlose Transfers

Emaimelei Restaurant
Lokale Küche, günstige Preise.
Lebuu St. (hinter dem WCTC)
Tel.: +680-488-5905

HK Lucky Restaurant
Über der Shell-Tankstelle, am Neco Plaza
Hong Kong Küche & Dim Sum.
Tel.: +680-488-8666
Täglich geöffnet, kostenlose Transfers

Hungry Marlin Restaurant
Im Cove Resort
Asiatisch-internationale Küche.
Tel.: +680-488-4333
www.coveresortpalau.com/HungryMarlin.html

Katey's Healing Garden
Rein vegetarisches Restaurant. Nur Barzahlung.
Tel.: +680-488-5025
Nur mittags geöffnet bzw. für Gruppen ab sechs Personen auf Anfrage auch abends.

Krämer's Bar & Restaurant
Frischer Fisch, internationale Küche, unter deutscher Leitung. Sehr beliebt bei Palauern wie auch Urlaubern.
Malakal Island/Pirate's Cove
Tel.: +680-488-8448
hotcookde@hotmail.com
Sonntag Ruhetag

! Unsere Meinung: Bestes Sashimi in Palau! !

Mito Sushi Bar
Geführt von reizendem älteren,
japanischem Ehepaar.
Koror
Tel.: +680-488-1950
Instagram: @mito_sushi_bar

Palm Bay Bistro
Fisch & Steak.
Malakal Island
Tel.: +680-488-3476
www.palmbaybistro.com

Red Rooster Café
Im West Plaza Lebuu St.
Pizza, Steak & japanische Kü-
che. Lokales, gezapftes Bier.
Tel.: +680-488-1612
rrc680@wctc-palau.com
Facebook: @rrc680
Täglich geöffnet

Rock Islands Café
Bekannt für Burger.
Tel.: +680-488-1010

The Canoe House
Amerikanische Sportbar, serviert
Pizza, Burger & Fisch.
1724 Main Street
Tel.: +680 488-3287
canoe@palaucentral.com
www.canoehousepalau.com
Täglich geöffnet

Wenn Sie im Palau Central Hotel wohnen, können Sie sich die Gerichte aus dem Canoe House auch auf's Zimmer bestellen. **!**

The Taj
Authentische, indische Küche.
Koror
Tel.: +680-488-2227
info@tajpalau.com
www.tajpalau.com
Täglich geöffnet, kostenlose
Transfers

Tipp: Das Butter Chicken ist einfach köstlich. **!**

Tori Tori
Japanische Küche und Sushi, hervorragende Qualität.
Koror
Tel.: +680 488 8876
toritori@impactours.net
Instagram: @toritoripalau

Umi Restaurant
Japanische & koreanische Küche.
Medalaii Corner
Tel.: +680-488-2620
Facebook:
@umikoreanjapanesecuisine

Restaurants auf Babeldaob
Mit dem Ausbau des Straßennetzes und der Infrastruktur auf Babeldaob gibt es nun auch hier erste, wenn auch recht einfache Restaurants. Für ein Mittagessen im Rahmen einer Tagestour sind sie durchaus eine gute Wahl.

Okemii Deli & Internet Cafe
Nettes Restaurant am Wasser in der Nähe der Hauptstadt, günstige Preise.
Ukaeb, Melekeok
Tel.: +680-654-1000

Ollei Jive Café
Im Norden, Nähe jap. Leuchtturm. Burger, Pizza, Nudeln.
Ollei, Ngarchelong
Tel.: +680-855-1113
Montag Ruhetag

Driftwood Cafe Bar & Grill
Bowls, Ramen, Burger & Sandwiches.
Oketol Dock, Ngarchelong
Tel. +680-855-2800
driftwoodpalau@gmail.com
www.facebook.com/driftwoodpalau/
Montag Ruhetag

Aktivitäten zu Land, im Wasser und in der Luft – Adressen

Auf Grund der vielen Asiaten, die nach Palau zum Tauchen kommen, sowie der unterschiedlichen Herangehensweise (kürzere Tauchgänge, Gruppentauchen), haben die meisten Tauchcenter in Palau sich entweder auf asiatische oder auf westliche Gäste spezialisiert.

Es gibt viele, kleine Tauchcenter, die Tauchgänge zu günstigeren Konditionen anbieten als die hier aufgelisteten. Wer jedoch Wert auf internationale Standards, Sicherheit und Qualität legt, sollte an dieser Stelle keine Kompromisse eingehen.

Hinweis für technische Taucher: Auf Grund der hohen Logistikkosten für Atemgasgemische wird Helium nur nach vorheriger Anfrage und dann zumeist nur in großen Flaschen (= entsprechende Mehrkosten) zur Verfügung gestellt. Bei Bedarf mit entsprechendem Vorlauf Kontakt mit der Tauchbasis aufnehmen.

Museen, Ausflüge & lokale Erlebnisse

Airai Cultural Experience
Buchungen per E-Mail an obakvelma78@gmail.com oder Tel.: +680-775-2096.

Das Büro der Palau Visitors Authority hilft ebenfalls gerne bei der Buchung.

Babeldaob-Tour
Beinhaltet Stops an den wichtigsten Sehenswürdigkeiten.

Durchgeführt von Sam's Tours
Tel.: +680-488-7267
info@samstours.com
www.samstours.com

Belau Eco Glass

M-Dock, Koror
Tel.: +680-488-8076
ksg.swm@gmail.com
Facebook: @BelauEcoGlass

Belau National Museum

Im Nationalmuseum von Palau
erhält man einen guten Über-
blick über die Entstehung, Geschichte, Bevölkerung, sowie die
Kultur Palaus. Traditionelle Zeremonien wie beispielsweise
„Ocheraol", die Hauskaufzere-
monie, werden anschaulich
anhand von Miniaturszenen
dargestellt.

Außerdem kann man hier schöne Exponate des „Palau-Geldes",
traditioneller Schmuck, der
auch heute noch in der Gesellschaft eine große Rolle spielt,
besichtigen.

Ein weiterer Ausstellungsbereich
ist den endemischen Pflanzen
und Tieren Palaus gewidmet.
Im Außenbereich wird unter
anderem eine authentische
Nachbildung eines traditionellen
Bai, eines alten Gemeindehau-
ses, gezeigt. Wer also den Ausflug nach Babeldaob nicht
schafft, findet hier eine gute
Alternative.

Im Garten werden Pflanzen
gezeigt, die eine spirituelle oder
medizinische Bedeutung in der
Kultur Palaus haben.

Dem Museum angeschlossen ist
eine kleine Kunstgalerie und ein
Souvenirshop, in dem man lan-
destypische Souvenirs erwerben
kann.

Mo-Fr von 09.00-17.00 h
An nationalen Feiertagen geschlossen
Tel.: +680-488-2265
Lage: Karte S. 46, 2
bnm@palaunet.com
www.belaunationalmuseum.net

Etpison Museum

Das Etpison Museum ist das
einzige private Museum in Palau. Zu sehen sind palauische
Artefakte und Bilder. Das 1999
eröffnete Museum wurde vom
Ehepaar Shallum und Mandy
Etpison erbaut und ist Shallums
Vater, dem früheren Präsidenten
von Palau, Ngiratkel Etpison,
gewidmet. Die holländische
Ehefrau von Shallum hat sich
einen Namen als Unterwasserfo-
tografin gemacht und zahlreiche Publikationen über Palau
veröffentlicht, die im dem Museum angeschlossenen Laden
verkauft werden. Das Museum
arbeitet unter anderem eng mit
der Coral Reef Research Foundation und der Palau Conservation Society auf dem Gebiet der
Naturschutzprojekte zusammen.
Mo-Sa von 09.00-17.00 h
Sonntag geschlossen
Tel.: +680-488-6730
Lage: Karte S. 46, 3
info@etpisonmuseum.org
www.etpisonmuseum.org

Palau International Coral Reef Center (Palau Aquarium)

Insbesondere für Nicht-Taucher
ist der Besuch des Palau Aquari-
ums lohnenswert. Neben einem
Einblick in die faszinierende
Unterwasserwelt Palaus fördert
das Coral Reef Center das Ver-
ständnis für das fragile, marine

Ökosystem und zeigt auf, welche Maßnahmen in Palau zum Schutz der Unterwasserwelt getroffen werden
Mo-Fr von 08.00-17.00 h
Tel.: +680-488-6950
Lage: beim M-Dock, Karte
S. 46, 1
picrc@picrc.org
www.picrc.org

Peleliu Touren

Werden von den größeren Tauchbasen in Kombination mit einem Tauchtag angeboten oder als separat buchbare Tagestour.

Tebang Woodcarving Shop

Koror
Tel.: +680-488-4252
lingtebang@gmail.com
www.tebangwoodcarving.com

Rundflüge

Pacific Mission Aviation (PMA)

In der Cessna genießen bis zu fünf Passagiere bei einem Rundflug spektakuläre Ausblicke über die Rock Islands. Die Einnahmen unterstützen die humanitäre Arbeit von PMA.
WhatsApp.: +680-775-2747
palauaviation@pmapacific.org
www.pmapacific.org

! *Auf Wunsch werden für Fotografen die Türen ausgehängt.*

Smile Air

Bietet ebenfalls Rundflüge über die Rock Islands in einer Cessna an, richtet sich aber eher an asiatische Kunden.
Tel.: +680-775-2048
info@smile-air.com
www.smile-air.com

Tauchcenter

Fish ´n Fins

5-Sterne PADI IDC Tauchbasis
Koror
Tel.: +680-488-5522
info@fishnfins.com
www.fishnfins.com

Neco Marine

5-Sterne PADI Tauchbasis
Malakal Island, Koror
Tel.: +680-488-2009
info@necomarine.com
www.necomarine.com

Palau Dive Adventures

Bieten 5-Tagespakete an mit drei Tauchgängen pro Tag, kleine Gruppen.
Tel.: +680-488-5387
WhatsApp: +310-321-2558
www.palaudiveadventures.com

Peleliu Divers

Tauchbasis auf Peleliu Island im Süden Palaus. Hier herrschen starke Strömungen, das Gebiet ist für Tauchanfänger nicht empfehlenswert.
Tel.: +680-345-5555
www.dolphinbay-resort-peleliu.com

Sam's Tours

5-Sterne PADI IDC Tauchbasis
Pionier für die Laichtauchgänge (Spawning) in Palau
Malakal Harbour, Koror
Tel.: +680-488-7267
info@samstours.com
www.samstours.com

Tauchkreuzfahrtschiffe

Die Tauchkreuzfahrtschiffe in Palau legen nur sehr kurze Etappen zurück und tauchen an den gleichen Tauchplätzen wie die landbasierten Tauchbasen. Meistens werden pro Tag bis zu vier Tauchgänge angeboten.

Black Pearl
14 Kabinen/28 Gäste
Tel.: +65-80-118123
info@pearlfleet.org
www.pearlfleet.org

Four Seasons Explorer
Eher schwimmendes Hotel, legt keine größeren Strecken zurück. Tägliche An-/Abreise möglich.
reservations.pme@fourseasons.com
Tel.: +960-6600888
www.fourseasons.com/explorer palau

Ocean Hunter
Unter Leitung von Fish ´n Fins
8 Kabinen/16 Gäste
www.oceanhunter.com

Palau Aggressor II
9 Kabinen/18 Gäste.
palau@aggressor.com
www.aggressorfleet.com

Solitude Gaia & Solitude One
Gaia: 9 Kabinen/18 Gäste
One: 11Kabinen/24 Gäste
WhatsApp: +65-8243-4548
emailus@solitude.world
www.solitude.world/palau

SY Palau Siren
8 Kabinen/16 Gäste
dive@masterliveaboards.com
www.masterliveaboards.com

Tropic Dancer
9 Kabinen/18 Gäste
palau@aggressor.com
www.dancerfleet.com

Weitere Wasseraktivitäten

Schnorcheln & Kajaktouren

Paddling Palau
Bieten ein- und mehrtägige Kajak- und Schnorchelsafaris sowie Segelausflüge in einem traditionellen Holzboot an. Kajaks und SUPs können für Touren in Eigenregie gemietet werden. Es gibt auch Full-Service-Glamping-Expeditionen mit Guide und Crew, die sich dann um Zeltaufbau und Verpflegung kümmern.
Tel.: +680-488-8043
info@paddlingpalau.net
www.paddlingpalau.net

Yachthafen (Palau Yacht Club)
07° 20' 78" N, 134° 27' 15" E
Malakal Harbour/Koror
Tel.: + 680-775-7266
rbycpalau@gmail.com
Facebook:
@RoyalBelauYachtClub.RBYC.Palau
www.royalbelauyachtclub.blogspot.com

Wellness-Angebote

Central Spa
im Palau Central Hotel
1724 Main Street
Koror
Tel.: +680-488-6391
www.palaucentral.com
Montags geschlossen

Elilai Spa by Mandara
im Palau Pacific Resort
Tel.: +680-488-2600
elilaispa@ppr-palau.com
www.mandaraspa.com

Mandara Spa
im Palau Royal Resort
Tel.: +680-488-2000
mandaraspa@palau-royal-resort.com
www.mandaraspa.com

Shopping

Computer, Internet, Telekommunikation

Palau National Communication Corporation
Nationale Telefongesellschaft Palau
Main Street
Koror
Tel.: +680-488-9000
service@pnccpalau.com
www.pnccpalau.com

Kaufhäuser

Surangel's Supercenter
295 Main Street
Koror
www.surangel.com

Surangel's Supercenter (Mall)
Airai
Babeldaob
www.surangel.com

WCTC
Main Street
Koror
tägl. von 07.00-22.00 h

Souvenirs
Beliebte und in Palau hergestellte Souvenirs sind unter anderem Tapioka-Kekse, geflochtene Handtaschen, Kokosnussöl, Palau Candy (aus Mandeln) sowie aus Holz geschnitzte Storyboards. Die Stoyboards können Sie zum Beispiel im Gefängnis-Shop, den Museum-Shops oder im Tebang Woodcarving Shop erwerben. Einige Hotels bieten die beliebten Storyboards ebenfalls in ihren Souvenir-Shops an.

Palau Central Trading Co.
1724 Main Street
Koror
Tel.: +680-488-6391
www.palaucentral.com
Täglich geöffnet

Palauisch – Nützliche Phrasen

Die Aussprache der palauischen Sprache ist weder einfach noch intuitiv, die Worte werden teils ganz anders ausgesprochen, als sie geschrieben werden. Versuchen Sie es dennoch mit den hier aufgelisteten Vokabeln, die relativ einfach auszusprechen sind. Sie ernten entweder ein herzliches Lächeln oder schallendes Gelächter…

Alii	Hallo/Grußformel
Merkong	Stopp, das reicht
O' oi	Ja
Sulang	Danke

Register

Personen

Bildnachweis

Kartennachweis

Über die Autoren

Judith und Christoph Hoppe
kamen das erste Mal 2004 nach
Palau, um am 3. Underwater
Palau International Photo Festival
teilzunehmen. Sie verfielen der
Schönheit und Unberührtheit der
Natur, der Liebenswürdigkeit der
hier lebenden Menschen sowie
den grandiosen Tauchplätzen
und den Bemühungen Palaus
um einen aktiven Schutz der
Haie. Seitdem kehren sie regelmäßig nach Palau zurück und
entdecken noch immer etwas
Neues. Das Ehepaar lebt in München und publiziert das Online-
Reisemagazin Reise-Inspirationen
www.reise-inspirationen.de